嫌われる言葉

部下と上司の常套句

Saito Takashi
齋藤孝

講談社

嫌われる言葉

部下と上司の常套句

相手のツボを感知せよ!!

私は、うかつな人間である。つい、うっかり変な言葉を発してしまって、そのことが、後々までダメージとなった経験もある。それは以前、どこか世の中を甘く見ていたところがあって、自分の力でどうにかなるさという自信過剰が、言葉遣いの甘さにつながっていたのだと思う。

言葉というのは、「ただ」のように思われがちだが、あるときから、言葉ほど高いものはないと感じるようになった。というのは、私の言ったひと言が、強烈にある人の恨みをかったからだ。それは私がジョークまじりに言った言葉だったのだが、相手は真に受けてしまって、十年間もの長きにわたって恨まれ続けたのである。

これは、うっかり本心がポロリと出てしまった言葉ではあるが、私にとってある親しみを込めた表現でもあった。しかし、相手は本気で侮辱《ぶじょく》されたと思ったらしい。そのことを考えると、あまりにも「うっかり言葉」の代償が高くつき、人生を相当遠回りしてしまった感じがする。

社会を生きていく身において、相手に嫌われてしまうと、非常に仕事がやりにくくなる。いったん嫌われると、感情的にもつれて、その後いくらフォローしようとしても難しい。そんな経験があって、うっかり言ってしまう「嫌われる言葉」を、一度整理してみたいと思ったのである。

実は、この本を書く前に、私はあることに気がついていた。それは、私が行っているビジネス・セミナーで、「何を言われたらカチンとくるか」をテーマに、四人一組で話し合いをしてもらうと、大変盛り上がるということだ。

カチンときて「コイツは何なんだ」と思ったことを、まず聞いてみる。すると、どんどんいろいろなセリフが出てきて四人で盛り上がり、話の内容がお互いの心を結びつけていくのがわかる。嫌いな言葉を出し合うことで、今までの社会人としての経験知というものが混ざり合っていくのだ。

どういう言葉にカチンとくるか。それによって、社会人として生きてきた経験、センスが生かされていると言ってもいい。これが大学生だったら、そんな言葉になぜ腹を立てるのかわからないというものが、結構多いに違いない。

この本の中で扱ったセリフの多くに対しても、同じような反応をするだろう。それだけ、社会人と学生には目に見えない境界線とルールが存在するということなのかもしれない。

言われて嫌な言葉は、実は思い出せるということ自体が、非常に重要なことである。なぜかと言うと、思い出せない人というのは、自分で無意識に使ってしまっている人だからだ。

同じ使ってしまう人でも、「あっ、言うんじゃなかった」と反省的な思考が働く人ならば、嫌いな言葉をたずねたときに、かなりの数出てくる。無意識に使っている人には、それがわからない。

一番危険なのは、そういう癖になっている人で、気がつかない、あるいは、気がついても止まらないという場合である。

この「癖」と「技」を分けて考えると、技というのは、意識して出すもので、出す出さないをコントロールすることができる。一方、癖は知らず知らずのうちに出てしまうもの。さらに、技の場合は、効力がプラスになるが、癖は往々にしてマイナスに働く場合が多い。

そうすると、嫌われる言葉が癖になっている人というのは、知らないうちに周りから遠ざけられていることに気がつかず、対処もできない。そういう意味で、人との距離感がつかめない人とも言える。

例えば、現実に同じ言葉を言っても、それほど憎まれない人と、あっさり憎まれてしまう人とがいる。いわゆる「憎めないやつ」というのは、言葉を換えれば、「愛嬌《あいきょう》がある」ということだろう。それは、邪心のなさ、子どもっぽさに通じる。腹にいちもつあるようには感じさせない、言わば透明感があるかどうかという点だ。

子どもを見れば、よくわかる。何でも全部しゃべってしまう。だからかわいいと思われるのだ。ろくでもないことを言っても、もうしようがないかと思わせる。そういう、どこか「憎めないやつ」というのは、会社に必ずいるものだ。

あいつは、あんな失言を繰り返しているのに嫌われないで、オレは気をつけているのに、何でこんなに窮地《きゅうち》に立たされるのか、そう思わせる人間である。

こういうお得な人の特徴は、まず、雰囲気が柔らかい。浮《うわ》ついているというのとは少し違っていて、にこやかで、常にほほ笑みを絶やさない感じの柔らかさを持っている。そして、憎めないやつと憎まれるやつの大きな分かれ目が、自分の失敗談を言えるかどうかという点である。自分の失敗を自然に言える人は、やはり憎めない。

逆に、自分は常に失敗しないとか、あるいは、実力があるんだというふうに突っ張っていると、その人が失言したときには、周りはここぞとばかりに、痛い点をついてくるものだ。

自分の失敗談をネタにできるという心の余裕というか、無邪気さというものが、いわば嫌われる言葉の効力を減らしてくれるように思える。

その無邪気さは、やはり体の雰囲気に出てしまうもので、人に対してちょっと圧力を加えようという意識があるときには、相手もそれを圧迫として感じる。上司にせよ部下にせよ、それは同じだ。部下であっても、上司に圧迫を加えることはある。

そういう隠れた攻撃性というべきものが、もろに表に出てしまったときに取り返しのつかない関係になってしまう。

私の経験上、きついことを言うからには、それだけの信頼関係をつくっておかなければいけない。そのために、一緒に飲みに行くことも、結構大切なことである。仕事でちょっとしたトラブルがあっても、一緒に飲んだ回数がクッションになって吸収・分散されていくものなのだ。

部下・上司の関係で、飲みに行くことができないのなら、せめて昼飯を一緒に食べに行こう。その際、部下から上司を誘ってみるのは非常にいいことだと思う。

というのは、上司というのはいつも、もしかして自分は嫌われているんじゃないか、ばかにされているんじゃないかと猜疑《さいぎ》心や不安感につきまとわれているので、その不安感を、部下のほうからとってあげることになる。そういう心と体のあたたまった関係があれば、同じ言葉でも嫌われにくくなったりするものだ。

だから、この本を読んで、「こんなに嫌われる言葉がたくさんあっては、かえって緊張して話せなくなる」と思わずに、人間関係をよくする知識として使っていただきたい。

この中で思い当たる節があれば、「これと似た言葉を言っているな」と、手帳にまずチェック項目を書き出す。自分の癖になっていそうな嫌な言葉シリーズを、手帳の一ページを割《さ》いて見やすく書き込んでおく。それだけで、あまり使わなくなるはずだ。

つまり、ここに取り上げたすべてではなくて、使いがちな五、六個に注意すれば、だいたい大丈夫。

要するに、人によってミスのパターンは決まっているものなのだ。

今回の仕事で、私が改めて思ったのは、人はプライドなくしては生きられない動物だということである。相手の自尊心を傷つけるということは、大変危険な行為だ。社会人として生きるうえで、自尊心を傷つける言葉を言った場合は、一生その仕返しがくると覚悟したほうがいい。それほど重大な過ちである。

相手の地雷はどこにあるのか。つまり、どの言葉を使ったらその人の逆鱗《げきりん》に触れるのか。そのツボを感知する、いわば地雷感知能力を持つことが、社会人として生きる力となる。

だから、この本にある言葉というのは、一般的に使ってはいけないというよりも、それが相手の地雷なのかどうかということを感知する必要がある。要するに、アレルギー検査のときの要因リストのようなものである。

以前、「女性からセクハラと怒られないためには、言葉を選ぶんじゃなくて、言う相手を選ぶのがコツ」と聞いたことがある。それは、セクハラクラスの言葉を平気で言っているのに、全然問題の起きない人が言っていたことだが、これはもっともだと思う。

それと同じで、嫌われる言葉も、言葉のチェックだけではだめである。相手の地雷は何なのかと、合わせて考えなくては効果的ではない。

嫌われる言葉　部下と上司の常套句　目次

相手のツボを感知せよ!!……3

その1 上司の隠れた悪意

1 「ガキの使いじゃないんだからさ～ぁ」は、年齢セクハラでしょ。……16

2 「生意気言うな！」より、「むむ、こしゃくな！」とかわいらしく。……21

その2 増殖ウイルス系雑言

3 「頭悪いね」って、それどういう意味だ？……26

4 「誰とは言わないが、そう言っているやつがいる」って、卑怯じゃないか。……29

その3 会社内おどし文句

5 「あほ、ぼけ、カス」は関西人限定御用達。……34
6 一生懸命やっている人に「早くやれ!」は、能がない。……37
7 「いま会社がどんなに大変か、わかっているのか!」っておどしてどうする。……41

その4 ごうまんオレオレ系

8 「オレが若いころはそういうやり方をしなかった」は、自慢話ですか?……46
9 「オレがだめって言ったら、だめなんだ」と感情で争うなかれ。……49
10 「オレはそれ好きじゃない」で済む仕事は仕事ですか?……52

その5　ネガティブパワー、炸裂！

11「現実的には難しい」は人望を失う言葉です。……62

12「はあ～（ため息）」は、心のトイレで済ませよう。……67

その6　責任放棄の捨てゼリフ

13「そのうちわかるよ」は、「質問するな」に聞こえます。……76

14「おまえに任せるんじゃなかった」は、眼力のなさを露呈する。……81

15「オレは聞いていない」って、責任押しつけるな。……87

その7　あんたは何様（!?）語

16 「場の空気を読んでくれよ」と言われたぐらいで、へこむな。……94
17 「本質をつきつめろ」と言うと、逆に的外れになる。……99
18 「のぼせるな！」は、愛のお叱りと受けとめよ。……105

その上1 それは客に言ってはいけません

「社内的に……」は社外的に通用しない。……110
〝余計な仕事を増やしたくない〟感が、みえみえです……111
予測できることは言っておいてくれ……112
めんどうだから聞いているのに……114
異動を言い訳にしてはいけません……115
漠然と聞いてはいけません PART1……118
漠然と聞いてはいけません PART2……119

「**注文されました?**」と客を疑ってはいけません……120
そこに、プロのプライドはあるのか……121
技がないなら、汗をかけ……122

その上2 かわいげのない部下

部下はドタキャンするな……126
社内から言い訳癖を一掃させる……127
火に油を注ぐ言い訳はやめよう……128
「**とりあえず**」と問題を先送りにしない……129
「**あー**」ではなく、「**そうですね**」と言ってくれ……131
ビジネスに「**今度**」はない……132
社会人なら、やっぱり前倒しでしょう……133

その上3　部下を育てられる上司

「とにかく結果」vs.「プロセス大事」……136
できなければ、できるやつの技を盗め……137
結果次第という覚悟を持たせる……138
上司は、素質に合ったミッションを作成せよ……139
成果主義とプロセス主義を混ぜると最悪……141
上司は公平であれ、そして筋を通せ……143
あとがきにかえて……146
うっかり口にしていませんか「嫌われるセリフ」156……149

ブックデザイン　鈴木成一デザイン室

その1 上司の隠れた悪意

1 「ガキの使いじゃないんだからさ～ぁ」は、年齢セクハラでしょ。

大人でいなければいけない強迫観念

「ガキの使い」。少し前まで、私はこの言葉を使ったことがなかった。というか、この言葉を知らなかったし、聞いたこともなかった。それがダウンタウンのテレビ番組のタイトルに使われているのを見て、初めて知った次第で。

以来、なぜか気に入ってしまった。つい我が子に向かって**「ガキの使いじゃないんだからさ～ぁ」**と言ったこともある。しかし、彼は本物の「ガキ」であった。

ただ、私みたいにギャグ感覚で使うのならともかく、仕事の場で、特に上司が部下を叱《しか》るときに「子どものお使い」という言い方をすると、相手にかなりダメージを与えてしまうものだ。

というのは、仕事場ではみな大人でいなければいけないという、ある種の強迫観念症が蔓延《まんえん》している。そこで、素人っぽいだの、子どもっぽいだのと言われることが、ひどく屈辱《くつじょく》的なのだ。

特に二十代から三十代前半の人にとっては、耐え難い罵倒《ばとう》となりえる。

叱るほうはそれを踏まえて、言葉を選ばなければいけない。だいたい、上司が部下に向かって「ガキ」と言うときには、職業能力だけではなく、年齢差を背景にした力の誇示が感じられる。自分は大人で、おまえはまだ子どもであると、暗に言っているのだ。

「仕事ができる、できない」という言い方ならまだいい。**「ガキの使い」という言い方で、その人の人格的未熟さという領域にまで批判を及ぼしている。その仕事がだめだというだけじゃなくて、「それはおまえの人格が未熟だからだ」というふうに拡大して相手に受け取らせようという隠れた悪意があるからだ。**

だから、当然自分を侮辱されたとしかとらない。ましてみんなの前で言われれば、屈辱感は倍加する。

実際、上司に言われて、思わず物陰で泣いてしまったという男性社員の話を聞いたことがある。これでは、決して仕事に対してポジティブな気持ちにはなれっこないのだ。

若さへの嫉妬《しっと》

これは、実は非常に問題だと思う。**日本の場合、組織の中で年齢差なるものがすごく大きな要素になっている。**

上司は常に年齢が上の人であって、若い人が叱られるという構図。

でも、冷静に考えると、立場が入れかわったとしたら、部下が上司を叱っているだろうという状況が、結構あるものだ。

たまたま役割が年齢の上下関係にはまっているだけなのに、年齢の圧力をかけてくるとはいかがなものか。

確かに五十歳に比べると、三十歳は若くて経験が足りない。だから未熟だと思われがちだが、現実的には、仕事の能力においてあまり差がなかったりする。

しかし、役職が上だから、能力のない上司としては、年齢をカサに着た言い方でしかポジションを保てないのかもしれない。

それで年齢セクハラが起こることになる。

部下は心の中でつぶやくだろう。「そんなに年とったら偉いわけ？」

いいや、そんなことはない。例えば、数学の領域では、年をとると能力が落ちていくだけと考えられている。もちろん経験知は数学においてもあるけれど、経験知よりも若さのほうが評価される。

カリフォルニア大学教授で、青色発光ダイオードを発明した中村修二《なかむらしゅうじ》さんの著書『好きなことだけやればいい』（バジリコ刊）によると、アメリカでは若い人をとりわけ評価するらしい。同じ実力だったら、まず若い人を採用するそうだ。

「こんなに若いのに、これだけの仕事をしているということは、能力が高い」と見なされる。それに「もしかして、こいつを採ってよくしておけば、いずれ自分の世話をしてくれるかもしれない」という賢い考えらしい。

これなら、若さに対する嫉妬も少なくてすむ。ふむ、なるほど。

「ガキの使いじゃないんだからさ〜ぁ」という言い方は、一見ばかにしているようで、実はその人の若さを揶揄《やゆ》し、茶化《ちゃか》す形で、若いモンの好きにさせんぞという意図《いと》を感じてしまうのは私だけか。こんな言い方で自分を優位に立たせようとするなんて、情けないではないか。

「気がきかなくて」と切り返せ

上司の言い分としては、「ガキの使いじゃないんだからさ〜ぁ」というセリフを吐く背景に、おそらく「言ったことしかわからない、融通のきかないやつだ」という思いがあるのだろう。

例えば、子どもにすき焼きに入れる長ネギを買いに行かせたとする。すると長ネギがなかった。そのとき、何も買わずに家に戻っちゃったり、あるいは代わりにキュウリを買っちゃったりするのが、本物の「子どものお使い」。そこで、別の店に行くとか、長ネギの代用として下仁田ネギを買うことができればいいのだ。

要は頼まれたことの目的や真意がわかっていれば、それに代わるものを用意できるのに、そこに考えが及ばなかったことを上司は怒っているのである。

ならば、用事を頼んだほうも、**「趣旨《しゅし》を理解して、細かいポイントについては臨機応変に考えて行動をしてくれ」**と注意すればいい。

これはポジティブな言い方だ。

もっと言えば、上司はお使いの失敗を避けるために、相手の能力に応じて指示内容を変えるべきである。例えば、応用能力がある部下なら、絶対押さえなければいけないポイントだけ言って送り出せばいいし、応用能力が低い部下には、細かいポイントを紙に書いて渡せばいい。

紙に書いて渡すと、いよいよ子どものお使いみたいだけれども、口頭で言えば高級で、紙に書けば低級ということはない。

仕事というのは、確実なのが一番なのだ。それを考えない上司が悪い。

そんな上司に対して、「オレをガキ扱いするな！」と言い返したのでは、何の機知もない。それは、単なる心の叫びだ。

だから、もし、こんな嫌なセリフを言われたら、**「いや、気がきかなくて申し訳ありません」**と切り返しの技を使おう。

もともとガキ扱いされるほどの問題ではなく、「気がきかなかっただけ」と言ってのけるわけだ。気がきかなかったという事実自体はたいしたことじゃない。

頼まれたほうも、言われたことだけをやればいいと思っているからミスが起こってしまったわけで、指示の趣旨にさかのぼり、自分がうまくアレンジできればよかったのである。

「気がきかなくてすみません」と言うことで、気がきかなかったことに気づいているんだぞと相手にわからせることもできる。場合によっては、相手より状況がわかっている感じが出て、嫌味でいいね。

2 「生意気言うな!」より、「むむ、こしゃくな!」とかわいらしく。

「女のくせに」はケチないじめ

女性や若い男性社員に対して、「**生意気言うな!**」と言う上司がいる。知り合いのOLによると、意見が合わないと上司の口から飛び出すようだ。学生の部活ならまだしも、職場でこのセリフは、やはり大人気《おとなげ》ない。

これも、さきほどの「ガキの使い」と同じで、年齢を重ねるごとに優位に立たなければいけないという思いが上司にはある。体育会系の部活がいい例で、一年しか違わないのにものすごく威張《いば》りたがる。それで下級生のほうが上手だったりすると、いじめにかかるのだ。

ただ年齢が上であるだけで下の人間より優れていなければいけないという切迫感があって、特に男性は女性より優れていなくては、と追い立てられているように見える。そこで、女性をばかにすることで自分の精神を安定させているわけだ。

これはもう、ケチないじめに近い。

「生意気言うな！」の後には、「……のくせに」というのが必ず入っていると思う。例えば、**「女のくせに」**とか、あるいは**「まだ経験浅いくせに」**とか、**「学歴低いくせに」**とか、「何とかのくせに」が次に来る。でもそれを口に出すと、あまりにも自分の差別意識があらわになってしまうので、そこまでは言えないだけだ。

ビル・ゲイツの例で言えば、十九歳で会社を興《おこ》しているけれど、顔が幼いことで随分損をしてきたと語っている。要するに、見かけが子どもっぽいというだけで、何を言っても生意気に聞こえてしまうのだ。でも、結果は、四十歳で世界ナンバーワンとも言えるような大金持ちになってしまった。

私は、これからのビジネス社会において、年齢や性別を取り払った考え方を重視すべきだと思う。私たちは儒教的な精神世界に生きてきたので、年功序列というか、年上を敬《うやま》う敬老の精神が逆さになってしまったきらいがある。**若い人を未熟者と思い込む傾向、経験が浅いがために仕事もできないと思い込む傾向が強い。**

しかし、いまやこれを取り外してしまった業界が増えているのだ。

人生に役立つ時代劇口調

例えば、コンピュータ業界や漫画業界。漫画家の世界では若い人が売れたからといって「生意気だ」とは言わない。それは若くして売れたということが、むしろ才能がある証拠になる。業界全体が純粋に成果主義を貫《つらぬ》く傾向にあり、作品が一つでもあたれば、二十歳の漫画家といえど、もう大変な発言権が得られるらしい。そういう意味では、実績主義に基づくことが、このような暴言を避ける手立てとなるかもしれない。

確かに、上司側に立てば、「カチンとくる」状況もわからないではない。例えば、上司が立てた企画に「ここは直したほうがいい」なんて部下に指摘されると、ムッとする。「生意気言うな！」と心の中で叫ぶ人は多いだろう。しかし、それをそのまま言ってしまえば、部下に「最低！」という目つきでにらまれてしまう。

だから、そんなときは、**「そういう見方もあるな」**とか、**「それもありだね」**とか、**「確かにね」**とか言っておいて、自分の意見を通したかったら通せばいいのだ。いきり立つから品性が疑われてしまうことになる。

またはカチンときたときに、**「むむ、こしゃくな！」**と切り返してはいかがだろう。ちょっとギャグ系でかわいくて、つい笑ってしまいそうな感じがいい（と私は思う）。相手がぷっと吹き出せばしめたもの。互いにひと息ついて受け入れられる。

それに、「こしゃくな」と言うことで、「年下あるいは若い女性であるところのあなたに、年長者で男の私が、多少のプライドを傷つけられた」という表明もできるわけだ。これが言える人というのは、相当な上級者である。自分のプライドが傷つけられたことをギャグにできるわけだから。

こういうセリフを言える人がめっきり減った。

そこで、「時代劇は何のためにあるのか」ということをぜひ理解していただきたい。時代劇の言葉というのは実に使いでがある。

時代劇調で話すと、なぜか場が和らぐ。**「拙者《せっしゃ》」**とか**「よんどころない事情により」**とか、妙に格式張った力んだ感じがたまらなくいいではないか。〝力んだ感じが笑いを生む〟とでも言おうか。**「よきに計《はか》らえ」**とか、**「追って沙汰は申し渡す」**とか、上司が言うとおかしみが出る。

だから、上司にとって時代劇は必見なのである。大岡越前《おおおかえちぜん》のように品格ある上司の言葉を学んでおくと、いざというときに非常に便利だ。上司の素養としての時代劇口調、これは結構財産になると思うのだが。

能力のない人ほど自己防御する

自分のアイディアの不備を指摘されていきり立つ人は、やっぱり自分の中に相手をばかにしたいというか、あるいはばかにされたくないという気持ちが、常に突っ張っているように思える。能力が高くない人ほど、結構カチンとくるものだ。

力のある人はおおようである。**「ああ、そういうこともあるよね」**と言って流せる。それでほんとうに相手のアイディアがよければ、**「あっ、それでいこう」**とか**「ナイス・アイディア」**とか、素直に認める。**だから、「生意気な！」なんてカッとする人間は、自分を防御するバリアが強すぎると理解したほうがいいだろう。**

それが、「むむ、こしゃくな！」といったんやり過ごせたら、「いや、そうは言ってもこれこれこういう点から見て、やっぱりきみの言っていることではだめなんだよ」という説明を丁寧に言える余裕もできる。**ちょっとでも指摘が当たっていると、ついカッとなるものだ、人間というのは。**

その2 増殖ウイルス系雑言

3 「頭悪いね」って、それどういう意味だ？

"頭のよさは文脈力で決まる"という斬新な定義

私は長い間、ずっと**「頭がいい」**という言葉の意味が気になっていた。「頭がいい」とはどういうことか。何をもってして「頭がいい」と言うのか。その確固たるイメージが現代日本には形成されていない。なのに、人々は平気で頭がいいとか悪いとか口にする。

それは、その時々で意味合いが違っている。記憶力がいいとか悪いとか、アイディアが出せるとか出せないとか、お勉強ができるとかできないとか、いろんな場面で使ってしまうがために、意味内容がはっきりしない。**それで、「頭悪い」と言われた側は、自分なりに悪い方向へ拡大解釈をして、その後も自分を傷つけ続けるという最悪の言葉になる。**

言う側にしてみれば、案外とお気楽に口を滑《すべ》らせただけかもしれないが、明確な指示内容がなければ、たぶん受け取った人間の中でどんどん増殖してしまうのだ。あたかも悪性ウイルスのように。

そこで、私は「頭がいい、悪い」とはどういうことか、その定義を考え出したのだ。自分で言うのもなんだが、これ、結構すごい。

ずばり、「頭がいい」とは文脈力がある、ということだ。もうそれ以外にはない。文脈力さえあれば、それは頭がいいということになる。文脈力がない人は、その人がある種専門的な能力が高いとしても、結局「頭悪いな」と感じてしまう。

特殊能力を持っている人に対して頭がいいとは、意外に思わないものだ。その人はそれがうまいだけとか、それを知っているだけとか、で終わってしまうことが多いように思う。「専門ばか」という言葉がある。その場合、何で「ばか」がつくかというと、それはほかの事象と文脈をつなげられないからである。そこだけで閉じてしまっているのだ。だから、「専門ばか」は、頭が悪い意味で使われる。

文脈力というのは、ほかのものと今あることをつなげていく力のことである。

文脈力は練習で誰でもアップできる

だから相手が今なぜこの話をしているのかが理解できれば、それは頭がいいということになる。その意味で、本来現代国語は、そうした文脈力を問い鍛《きた》える教科であって、頭のいい人間を育てる非常に重要なものなのだ。かといって、学生のころ現代国語をサボったからいま頭が悪いとは言えまいが。

実は、〝頭のよさは文脈力だ〟と考えることで、随分気楽になれる。なぜかというと、文脈力というのは練習次第でかなり向上させられるからだ。特に意識して練習すれば、即座に向上できる。どうするかというと、いたって簡単！　メモをとりながら、人の話を聞くだけ。これだけで極端に向上するものである。

メモをとりながら、「今、この人は話がどうずれて、どこへほんとうは戻らなきゃいけないのか」ということが言えれば、その人はもう文脈力がある。時々、話をしているうちに話の迷子《まいご》になって、「何でこの話をしているんだっけ？」という人は、文脈力がない。ぐっと本筋に戻れる人は文脈力があるということだ。

すなわち文脈力をつけるには、常に今どこから来て、どこへ行こうとしているのかという意識を持つことだ。メモしながら話を聞いてそれを鍛えると、やがて「あっ、この人は迷子になりがちだな」とか見えてくるようになる。

仕事の場で「おまえ頭悪いな」と言う場合、たいていこの文脈を理解する速度が遅いということを言っているケースが多い。それなら対処のしようがある。相手は、話の流れを早く理解してくれよと言っているだけなのだから。言うほうも、「頭悪い」なんて言葉を使わずに、**「今どういう流れで仕事が進んでいて、何がポイントなのかということをとりあえず図にしてみてくれ」**ぐらい、具体的に話を進めるべきだろう。あるいは**「アイディアが出ない」**といった具体的な指摘をしてあげたり、**「想像力を働かせて考えてくれ」**と言ったりしたほうがよりわかりやすいときもあるだろう。その想像力も実は文脈力に支えられているものだとは思うが。

おそらく、文脈力がない場合には、いきなり違う話やピントのずれた話をしてしまう。そうすると「頭悪いな」ということになってしまうので、**「流れをつかんで話をしてくれ」**と言えばいい。

4 「誰とは言わないが、そう言っているやつがいる」って、卑怯じゃないか。

ダメージが増大する言い方

なぜか、悪いうわさ話的に**「周りがみんなそう言っているぞ」**と言われると、胸にぐさりと突き刺さる。もし、会社の上司に**「誰とは言わないが、そう言っているやつがいる」**なんて言われたら、「ていうか、おまえがそう思っているんだろう!」と怒りがこみ上げてくる。発言者は、堂々と「自分は」という主語で言うのが基本なのだ、やっぱり。

では、うわさ話はなにゆえダメージが大きいのか。これはすごくおもしろいことで、うわさ話も褒《ほ》め言葉だと、妙にうれしい。面と向かって「おまえの今度の仕事よかったね」と言われるよりも、**「すごくよかったって、誰かが言っていたよ」**と言われるほうが、ほんとうに認められた気になるのだ。

というのは、当人の言葉はお世辞のようにも聞こえるが、伝聞調で言われると、言った相手が誰かわからなくても、お世辞じゃなくて客観的な言葉として受けとめられる。第三者の言葉のほうが、より事実のように聞こえ、それはいい方向にどんどん拡大するのだ。

第三者の発言を引用すると客観性に近づくということは、その逆の効果も大きいことになる。**つまり、伝聞調で悪いうわさを聞かされたら、ダメージも増幅する。相手を傷つけようと思って言う場合には、非常に効果的だ。**それを言っている誰かがはっきりしていれば、その人に悪い感情を持てばいいけれど、特に出どころがはっきりしない情報は、漠たる不安だけが増大し、いよいよ処置が難しくなる。

伝聞調はいやがらせ劇薬

なので、そういう不安に人を陥《おとしい》れてはいけないと私は思うのだ。**「誰とは言わないが」なんて、使ってはいけないセリフの典型である。基本は、自分だ。「みんなそう言っている」ではなく、「私はそう思う」と、なぜ言えぬ。**ほんとうに悪い指摘を伝えたいなら、「誰々からクレームがきている」とはっきり言えばいいじゃないか。

でも、それも結構きついな。きついけど、それが事実ならしかたない。

よって、伝聞調は褒め言葉に限る。人を幸せにする効果倍増だから、そっちで使おう。特に「○○さんがそう言ってましたよ」と言うと、伝えた当人である自分に対する印象もよくなるし、言っているその人に対してもいい感じを持つものだ。それを意識的にできる人は偉いと思う。見えないところで、あっちこっちの関係をよくしているのだ。

この〝人間関係円滑の構造〟を意識して、自分が褒めるよりも、誰かがちょっと言った褒め言葉を伝えるようにしよう。

そうすると、自分の周りの関係がだんだんよくなっていく。逆に、**「誰か悪口言っていたよ」**なんてやってしまうと、途端に人間関係がささくれだってしまうだろう。

人間関係を悪くするのなんて簡単である。猜疑心をかきたてればいいのだ。『オセロー』に出てくるイアーゴを見よ。悪いうわさ話をずっと吹き込んで、最後に、オセローはデズデモーナを嫉妬心から殺してしまうではないか。ついでにキャシオーというのも殺そうとした。何も悪いことをしていないのに。イアーゴがあっちこっちでうわさを広めたせいだ。

つまり、悪のほうに伝聞調を使ってしまうと、大変強力で怖い武器になるという見本である。**伝聞調の文体は、事実よりゆるく感じるようだが、実は逆に劇薬なのだ。**

そこがおもしろい。だけど、注意しましょう。

「ネガティブ情報を言う人は悪意があると見なす」宣言

この最悪の言動の封じ手として、私が実際に行っている方法がある。あらかじめ、周りの人に**「ネガティブ情報は一切伝えないでくれ」**と言っておくのだ。といっても、ネガティブな意見を本人から直接言われるのは構わない。「今度の本って、ちょっとつまんないんじゃない」とか言われたら、「いや、そうなんだ。実はね、元が論文だから柔らかくしようにも限度があったんだよ」みたいな事情が説明できる。

ところが、「誰かが言っていた」と言われたら、反論のしようがないし、説明のしようもない。卑怯《ひきょう》にも一方的なのだ。それで嫌な気持ちだけがいつまでも残る。そんな情報に価値はない。というより、その後の気持ちの処理の難しさを考えると、その情報を生かして仕事につなげることはまずない、と私は割り切っている。

必ずいるものだ、伝聞調ネガティブ意見を言う人たちが。どういう意図か知らないが、**「私は全然そういうふうには思いませんけど、〇〇と言ってる人がいます」**という言い方をする。それは、私に話しかけてくる雰囲気ですぐにわかる。だから、「あっ、ネガティブな情報だったら絶対言わないでくださいよ」と先手を打つことにしている。それでも話そうとする人には、**「私はあなたの行為を悪意があると判断します」**とまで言ってしまう。そこまで言うと、さすがに話をやめてくれる。

そうやって人の気をくじく手法って、確かにあるのだ。当人が意識していないとしても、それは、もはや悪意と私は認定する。**やっぱり、ネガティブなことを言うときには、自分の言葉として直接言う、そして褒め言葉は伝聞にする。これが正しい。**こういう基本は、本来、社会的訓練の中で教わるべきものだ。

しかし日本の社会は、いつからか世間知の継承を途絶えさせてしまったように思う。例えば昔なら、おじいちゃん、おばあちゃんから**「陰口はたたかないように」**と、幾度となくいましめられただろう。あるいはことわざを使って教えてくれただろう。そういう世間知を伝承していく伝統が家族形態として切れてしまった、ということなのか。

ほんとうは会社の中にも、そういう役立つ世間知、経験知の継承があっていいと思うのだが。

その3 会社内おどし文句

5

「あほ、ぼけ、カス」は関西人限定御用達。

ののしる言葉は出身地別に使い分けを

日本には、地域限定で言っていい言葉とそうでない言葉があるものだ。例えば、**「あほ、ぼけ、カス」**。これは関西の人には聞き慣れたもので、特に「あほ」は親しみを込めて使われたりもする。「あほ、ぼけ、カス」とたたみこむようになじられたりしたら、私はかえって爽快感《そうかい》さえ感じてしまうのではないか（ちなみに私は静岡県出身です）。

ところが、関東出身の部下が関西人の上司に言われたりすると、これがものすごくつらいのだ。まず、関東では**「あほ」**といえばけなす言葉以外の何物でもない。だから「あほ」と言われただけで関東人はムッとしてしまう。**「ぼけ」**は耳慣れない言葉で嫌な感じだし、**「カス」**にいたってはぼろくそに言われているように聞こえてしまうだろう。

逆に、関東で「ばか」はかわいい意味も含まれるのに対して、関西人に**「ばか」**と言うと本気で怒り出したりするから、容易に使えない。

つまり、「あほ、ぼけ、カス」は使いどころというのがあって、関西人に使うのはオーケー。関西人以外、特に関東以北の人間に言ってはいけない地域限定の言葉なのである。「ばか」は逆に関東以北にとどめたほうがよさそうだ。

関西ではおそらく、**「おまえ、あほやな」**と言ったときには、ある種親しみの表現であって、「おれはおまえをあほだと言うほどにおまえとは気心が知れている」という気持ちが感じられる。その気心の知れた感じを楽しんでいるというような。だから、「アホの坂田」と言いながら、みんな「アホの坂田」を愛しているわけだ。

そういう意味で関西では、「ばか」より「あほ」のほうが柔らかく使用でき、関東では「あほ」より「ばか」のほうが用途は多彩だ。「ばかなやつだな」と言うときには、関東ではむしろ結構いい意味なのだ。

我がゼミでは「ばか」は褒め言葉

我が明治大学の「齋藤ゼミ」には、生きのいいやつが多くて、腹筋自慢とかがなぜか集まる。そんな学生の一人が、先日「先生、うちのゼミでは『ばか』というのは褒め言葉ですよね」と言ってきた。「当たり前じゃないか」と、私は思わず肩を叩いた。「いやあ、ばかだな」と言うと、つくづく褒められていると感じる人間も確かにいるわけで……。

ちなみに、この「あほ」と「ばか」の地図上の境界線がどこにあるかを、三年の月日をかけて地道に調査した松本修《まつもとおさむ》著『全国アホ・バカ分布考』（新潮文庫）なる本をひもとけば、意外にも関西・関東という単純な区分にはならないらしい。

「あほ」と「ばか」の中間には、主に名古屋を中心とする**「タワケ」**文化圏なるものが存在し、関西よりも西、特に九州に入ると再び「ばか」文化の国が多くなるようだ。また東北・北海道では、全域ではないが「ばか」とともに同義語ともいえる**「ハンカクサイ」**が使われるなど、地方独特の趣《おもむき》もある。

この際、どうしても人をののしりたければ、地域限定の方言でやってみてはどうだろう。「あほ、ぼけ、カス」となじられて腹が立ったときも、お国の言葉で切り返すとどうなるか。「それ、どういう意味?」なんて聞かれて、説明しているうちに場が和《なご》んでしまったりして。

「訛《なま》りは国の手形」と古くから言われているから、お国対抗のなじりあいとなるのか。はたまた異文化交流が生まれるのか。それにしても、関西では必ずといっていいほど「あほ、ぼけ、カス」と三つをセットにするのはどうしてだろう?

6 一生懸命やっている人に「早くやれ!」は、能がない。

日本人はなぜこれほど生き急ぐ?

人に言われて嫌な言葉の中で、日本人にもっとも多いのが、この**「早くしろよ!」**とか**「早くやれ!」**ではないだろうか。言われて嫌なくせに、年下や部下などに対して、ついつい言ってしまう。

これは、子育て中の母親が一番多く発する言葉でもあるらしい。とにかく毎日、子どもに「早くして!」と連発してしまうのだが、後で振り返って、「あんなに言うんじゃなかった。ずっとせかし続けてあの時代を過ごしてしまったことを後悔している」と、述懐《じゅっかい》するお母さんも多いそうだ。

日本人は、なぜこれほど急がねばならないのだろう。日本以外の多くの国では、もっとゆったり時間が流れているし、日本だって沖縄まで行けば「沖縄時間」でのんびり暮らせるのになあ。

でもまあ仕事となると、そんなことも言っていられない。タイムリミットが必ずあるのだから。しかし、当人がずっとまじめに残業までしてやっているのに、上司に「早くしろ!」と言われれば、やはり反感を持つ。「口だけしか動かさないおまえは、そこで黙って待っていろ!」と心の中で叫びたくなる。

これはどうしたものか。

上司側からすれば、せかしたくなる状況というのも当然あるだろう。そのとき、「早くしろ！」と言う前に、今どこまで進んでいるのかを確認する必要がある。それには、**「いつまでにどのぐらいできそうか、その予定だけ聞かせてくれ」**という聞き方がある。または**「今全体の何割ぐらいだ？」**という聞き方もある。その進行状況が遅ければ、部下がサボっているわけではないのを見きわめたうえで、**「段取りを見直せ」**という指示が出せる。

「小刻み回収」でリスクを軽減

このときに問われるのが、仕事の精度だ。例えば九割から十割の精度できっちりやろうとすると、やはり時間がかかる。だから時間がなければ、上司は「精度は七割五分でいいから納期を重視しろ」といった判断をしなくてはいけない。

その人のスピード自体はある程度限界があって、そこに気合を入れさせるというよりは、例えば、**「その精度を若干落としてもいいから、今回は早く仕上げてくれ」**という言い方をして、とにかくフィニッシュさせる手もあるだろう。

人によっては、全体が見通せないこともある。時間は残りわずかなのに、最初の三〇％程度しかできていなかったりすると、残った七〇％はどうするんだ、とやっぱり言いたくなってしまう。それは当然だが、なぜそんな事態に陥《おちい》ったかを冷静に見てみると、最初に力みすぎて、そこだけ緻密《ちみつ》にやりすぎている場合が多い。そんなとき、**「そこまでやるよりは、とりあえず全体の像が見たい。まず、概略を見せてくれ」**という要求であれば、それを伝えたほうがいいわけだ。

仕事に慣れていない人は特に、最初に力みすぎて遅くなることがままある。だから、あまり考えすぎないように、**「とりあえず最後まで行ってから、もう一回戻ってくれ」**と指示したほうがいいケースも多い。

あるいは、ほかの対処の仕方として、まとめて百の仕事を渡して長期間ほうっておくのではなく、例えば、それを一週間ごとに回収するやり方がある。この「小刻み回収」のほうがやりやすいタイプは案外多い。なかには、途中でとやかく言われるのをやりにくいと思う「全部お任せ」タイプもいるだろうが、やはり仕事のペースを早めたい場合には、小刻みな区切り方は結構有効なのだ。**「いついつまでに何割、いついつまでに何割というふうにやってくれ」と、時間を細かく分けるとリスクは少ない。**

「早くしろ」と言う上司自身の段取り力が問われる

仕事を依頼する側は、どのくらいで仕上がるかという目算の立て方も重要だ。段取り力のある人なら、段取り表あるいは進行表をあらかじめつくって示すことができるし、頼まれたほうもわかりやすい。**「最終納期がここだから、逆算するとこの作業はここがリミット」**といった具合に説明しよう。それは上司が単に「早くしろ」とせかしているのではなくて、仕事の必然として示していることになる。

これがもし、当人にとって過重負担だとすれば、ちょっとシステムを変えないといけない。期限まで間に合いそうにないならば、例えば「アシスタントをつけるとか、部分的に外部に発注するとか考えるが、その辺はどうなんだ?」などと対応策を考えるべきである。すると、ほんとうに無理かどうか見えてくる。**こうした段取りのできない上司が「早くしろ!」と怒鳴《どな》っていれば、周囲の人間は上司自身の力量を疑うのだ。**

部下は報告義務を怠《おこた》るな

部下だって結構プライドがあるので、そうそうラクをしようとは思わないものである。部下が「いや、これで大丈夫です」と言えば、もう任せるしかないが、それでだめだった場合には、**「あのとき援助を求める可能性を示しただろ。できない場合にはできないという判断を下すのがプロじゃないのか」**ときっちり言ったほうがいい。**要するに、できないことが恥ずかしいのではなくて、目算を立てられないことが迷惑をかけるのだ。まして、個人のつまらぬプライドから全体に迷惑をかけるのは、断じて避けたい。**「もっと早く言ってくれれば、手が打てたのに」というパターンである。

だから、部下にも現時点でどのくらいできているかを知らせる義務が当然ある。例えば**「五時までにできたところまでをお知らせします」**とか、自ら期限を区切って答えると上司も安心するだろう。**仕事全体の何合目までできているのか、それが何時までにできるのか。そういう報告は非常に重要である。**

待つ側だって、ずーっと黙って待つというのは結構つらいものだ。忍耐にも限度がある。「一応の目安はこうなってます」「こんな段取りでやってます」「こんな進行状況です」と具体的に言ってもらえれば、先の見通しがつくし、早い段階で**「全然間に合いそうもありません。どうしたらいいでしょうか」**と言われれば、対処のしようもある。だから、部下のほうも「このままだと毎日残業してもここまでしかできそうもないのですが」というような説明をして、逆に相談していいのだ。それが相談できない上司なら、上司のほうに問題があるのではないだろうか。

7 「いま会社がどんなに大変か、わかっているのか！」ってどうする。

〝オオグチたたき〟は半分病気

日本のサラリーマンはお酒を飲むと、よく日本経済全体の話をしている。「景気が上がらんことにはどうしようもない」と言うけれど、それは話が大きすぎないか。「竹中」だの「小泉」だのといっても、自分の周囲の現状と直結していないと思うのだ。要するに、「風が吹けば桶屋がもうかる」的な批判でしかない。風が吹けば桶屋がもうかるようなことをまじめに信じているから、やれ首相が悪い、大臣が悪いとなる。そんな批判をしている人は、たいがい仕事ができない。

それと同系統なのが、**「いま会社がどんなに大変か、わかっているのか！」**なんて言う人である。そういう大きい話を持ってくると、自分があたかも中枢部にいるかのような錯覚に陥るものだ。だが、それは、お茶の間で野球中継を見ているのとあまり変わらない。つまり、単なる解説者状態である。

ほんとうのオーナーが、「いま会社がどんなに大変か、わかっているのか！」と叫ぶのなら、それはわかる。しかし、ほかの人が言っても説得力がないと思う。

はっきり言って、この類《たぐい》のセリフを多用する人は、一種の病気だ。「ビッグワード病」、すなわち「オオグチたたき病」とでも言おうか。半分妄想に入って、話がどんどん大きくなっていく。勤めている会社が倒産するかしないかは別次元なのに、すぐ「日本の経済は……」と話がとんでしまう。

例えば、中国の躍進が日本経済に影響を及ぼしているからといって、中国をつぶすわけにはいかないのだ。ならば、日本の政策ががらりと変わって、世界情勢も一変しなければ、自分の会社が立ち直れないかというと、そんなことはない。そんなことより、同じ業界で特有の問題を論じたほうが、はるかに有意義じゃないか。ただし、同じ業界内で伸びている企業が一つもない状態なら、話が大きくなってもしようがないけど。

トラック野郎からセールスドライバーへの意識変革

確かに、まるでよくなる見込みがない業界もないわけではない。しかし、業界全体が斜陽であっても、その中で苦しい戦いを続けてサバイバルしている人や企業だってある。**常に大きい問題にばかり思考がいってしまう人というのは、現実を直視しないという傾向があるようだ。だから、まずは「会社がどんなに大変か」という大仰《おおぎょう》な言い方をやめて、具体的な現実の課題を言わないと、下の人間は困るだけだ。**

もし、気合を入れたいのであれば、**「気合を入れろ」**とストレートに言えばいい。それを、会社が大変だと言うのは、ただのおどしじゃないか。具体的に何をすべきかというスタンスを常に優先させなければ、ビジネスとして成り立たないのである。

でも実際に、こういう人が多い。サラリーマンの飲み会で、「日本経済は……」という話が必ず出てくる。それが、具体的なアイディアを常に出していこうという上司と部下だと大丈夫なのだが、ただ話ばかりが大きくなっていくチームは心を入れ替えるべきだ。日本が変わらなければ自分たちも変わらないとなれば、現実的な力を持たないことになる。部下も一緒にビッグワード病になってはいけない。

しかし、ビッグワード病の上司もまずいが、会社がつぶれるという意識がまったくない部下は、もっとまずい。会社が倒産したらどうしよう、などと一度も考えたことのないような人も確かにいるものだ。一人ひとりの意識変革をしなければ、会社として残れない場合も多い。

例えば、宅急便のクロネコヤマトの場合。かつての〝トラック野郎〟は、ドライバーとしてのプライドが高かった。そういう人間たちに、営業をやらせようという決定をした。つまり、ドライバーからセールスドライバーになるという転換である。

「どうもこんにちは。○○です。次のご注文はございませんか」って、今じゃ当たり前だが、以前はトラックを運転することこそトラック野郎の生きがいで、営業なんて考えてもいなかったはずだ。しかし、それではやっていけない時代になり、会社をつぶさないために、営業も同時に行うセールスドライバーになれ、という非常に具体的な要求が出された。「会社がここまで危ない状況で、これを今やらないとつぶれてしまう。だから、要求を呑《の》んでください」と頼まれれば、だったらやろうじゃないかという気運が、社員みんなに出てくるものだ。

現実的かつ具体的な課題を数値で示せ

よく〝元も子もない〟というが、「元」がなくなるという意識がない人はほんとうに困る。自分たちが会社内で養ってもらっているような、そんな赤字部署にいても、一切気にしない人たち、困るよな。

そういう人に対して、「いま会社がどんなに大変か、わかっているのか」と言うのなら、まだわかる。

そんな危機意識を持たない人たちには、やはり現状を説明したほうが早い。そのときにこけおどしではなく、具体的に数字を出す必要があるだろう。例えば、「上半期の決算がマイナス何々なので、ここの部署にはこういう目標値が定められています」と。「それを実現するに当たっては……」と、目標を数字で掲げていくやり方なら誰にもわかりやすい。ちょうど、日産自動車のカルロス・ゴーンがやったように。

ゴーンが日産リバイバルプランを立てたとき、練りに練って明確な数値目標を出している。その数値目標を示して、会社の危機的状況を明確にわからせたのである。そこには工場閉鎖という危機が待っていた。工場が閉鎖されたら、職を失う。だから、リバイバルプランのように、今どういう状況で次の目標は何なのかという目標数値を掲げ、何月までに目標を達成すると発表する。すると、「いま会社がどんなに大変か、わかっているのか！」と、ゴーンが怒鳴らなくても、十分に通じる。そして、その目標を達成しなければいけないわけだから、誰もが具体的に力を発揮することができる。

カルロス・ゴーン著『ルネッサンス』（ダイヤモンド社刊）によれば、「危機的状況にもひとつだけ良い面がある。人々がベストの力を発揮するということだ」とある。実際、リバイバルプランの初期には、日産復活を目指す人々がベストを尽くし、協力し合って必死で働いたらしい。ゴーンのやり方に決して賛成していない人たちも「最大限のプロ意識でそれぞれの仕事をまっとうしてくれた」のだ。

つまり上司というのは、気分を盛り上げていくことも必要だが、それよりもっと大事なのが、具体的な目標を設定することだと私は思う。というか、それがリーダーの一番の役割ではないだろうか。

その4 ごうまんオレオレ系

8 「オレが若いころはそういうやり方をしなかった」は、自慢話ですか？

昔の話では共通の土俵にのせられない

「オレが若いころは」という言い方。これは、どの分野でもどの業界でも聞こえてくるものだ。若い人に対して苦言を呈するときの決まり文句のように。

スポーツの世界でも、いまだに「オレたちが若いころは」と「昔はこうであった」という言い方をする人が多い。しかし、そうした口調に反発を覚える人間も少なくない。だいたい昔のパターン自体が通用しないという現実がある。

つまり、「オレ」と「若いころ」という二つが重なって、より嫌われる状況をつくってしまうのだ。せめて**「(現在の)オレならそういうやり方はしない」**と言えば、少しましである。これなら、現在の自分と相手を共通の土俵にのせているから、まだ潔《いさぎよ》い。それを昔の自分と現在の相手を土俵にのせようとしても無理がある。あたかも、引退した選手が現役選手に、自分は走りも投げもしないのに文句だけ言い続けているスタンスなのだ。これは聞きづらい。

さらに、いつも話の頭に「オレは」「オレなら」とつけたがる「オレ様系」の人は、知らないうちにうとまれていることを自覚したほうがいい。ちょっとオレ様系が入っていると思う人は、自分の話し方に気をつけよう。話から「オレ」と「昔は」の二つを除くだけで、結構よくなる。

だいたい、「オレが若いころは」なんて言われても、ほんとうにあったかどうかよくわからないような自慢話を聞かされているような気持ちになってしまう。やっぱり人の自慢話ぐらい聞きづらいものはない。誰も実証できないのだから、それは「何とでも言えるよ」となってしまう。「昔釣った魚はこんなに大きくて」という自慢話と同じである。なので、個人から離れて、昔と今の比較もやめて、**「そういうやり方は妥当ではない」**と内容に即して言えばいいのだ。

若いモンは、エネルギーの出し惜しみをするな

仕事の場で、上の人間が「オレが若いころ」と使う場合、たぶん「やり方が生ぬるい」という感情があるのではないだろうか。つまり、部下がエネルギーの出し惜しみをしている状態に対して文句を言いたいのだ。準備不足だとか、気が行き届いていないとか、おおげさに言えば「全身全霊を傾けて事にあたれ」という気持ちが隠されている気がする。だとすれば、「若いころそういうやり方はしなかった」ではなくて、**「手間を省《はぶ》くな」**が正しい言い方になる。

仕事がうまくなってくると、必要最小限のエネルギーでこなせるようになってくる。でも、若い人が最初から最小限のエネルギーで仕事を済ませようとする姿を見ると、さんざん苦労した身としては、苦言を呈したくなるのも心情的には理解できるのだ。「そんな小ざかしいやり方じゃなくて、いやというほど試行錯誤して自分のやり方を見つけてみろ」と私も言いたくなるときがある。「エネルギーをむだ

にするほど注入して、ようやくできたんだよ、昔の私は」、と。

そういう場合は、**「エネルギーの出し惜しみをするな」「やり方がぬるいぞ」**と言ってしまえばいい。そのほうが「オレが若いころは」って言われるよりは、はるかにいいと思うのだ。

「若いころは」と言われると、どうしても「昔と今は違うだろう」という反感を買う。時代とともに状況が変わってきているのは確かで、やり方が実際に古くなっているケースもある。例えば、上司が「オレが若いころは、マーケティングは足で稼いだもんだ。営業でも一軒一軒回ってな」と力説しても、今どきの若い人に「それならインターネットで募集かけたほうが早いですよ。昔と違うんだから」と言われそうである。

自分が培《つちか》ってきた経験則が通用しない場面で、それを言い続けてもむなしい。

結局、自分の経験だけでしか物事を見られないという狭い感じが出てしまうことがまずいのだ。だから「オレが」という言い方をすればするほど、嫌がられる。言ったことが当たっていても、外れていても、オレ様系はうっとうしがられる運命なのだ。

それをわからない上司につかまると、部下もつらい。「いやあ、時代が違いますから」と言おうものなら、さらに怒りを買うだろう。そういうときは**「やっぱり昔はすごいですよね。根性が違いますね、さすがに」**なんて具合に、さらりと逃げるに限る。

9 「オレがだめって言ったら、だめなんだ」と感情で争うなかれ。

決定権のある者が権力的にふるまう必要はない

「オレがだめって言ったら、だめなんだ」。五十歳近い男性社員が「感情的になると、上司が口にするセリフです」と教えてくれた。つらいね、サラリーマンて。

世の中には、上司というものをつくらない会社があると聞いたことがある。要するに、上は社長だけしかいない。これはすばらしい。やっぱり、上司・部下関係で全部処理しようとするから無理があるのだ。ただ、責任をとる人がいるかどうかという問題だと思えばいいのであって、この場合、全員が決定権を持ち、かつその責任をとらされることになる。

これがいいと思う人と、嫌と思う人とわかれるだろうが、これからは、そのリスク&リターンの関係のなかで上司の存在が問われていくように思う。

話が少しそれたが、「オレがだめって言ったら、だめなんだ」という上司は、ほとんどオーナー社長気分といえる。それが聞き苦しくて、「おまえは何様か、わかるように説明しろよ」って言いたくもなるだろう。

威圧的にふるまっていても、その実、だめな理由すら部下に伝えられないほどコミュニケーション能力が欠如していて、しかも悲しいかな、それを自ら宣言してしまっている。

ただし、上司の立場では、説明してもわかってもらえないような相手または状況も、実際にあるのだ。そんなときにこのセリフが出るのかもしれないが、しかし、これを言うと「オレには説明能力もコミュニケーション能力もないよ。なくて悪いか」という開き直りに聞こえてしまうだろう。それでは部下もあきれる。

冷静に考えてみると、こんなセリフわざわざ言う必要はないのだ。**上司が決定権を持っている以上、黙って決定すればいい。**会社という集団において、民主主義を守る必要はない。だから、権力的にふるまう必要もない。

それを、あえて権力でねじふせるようなセリフを言う人間は、逆に権力というものの本質を理解していないことになる。すると、まず「決定権は自分にある」ということを理解することから始めなければいけないのか、この手の上司は?

「すべてお任せします」と嫌味に返せ

例えば、自分の意に沿わない意見を通そうとする部下がいたとする。そのとき、**「状況はわかった。理解したうえで論議も尽くした。だから、最終的な決定は一任してくれ」**と言えばいい。そうすれば、その責任は自分が持つという意思表示にもなる。それが上司の責任であるし、仕事を決定するのは上司として当然だ。

本来、「任せてくれ」といちいち言う必要もないのだが、「何だか知らないうちに決まっている」と部下が唐突に思うといけないので、この程度のことは言ったほうがいいだろう。

「一任してくれ」という言葉には、上司であることの責任意識が感じられるので、部下も「しようがない」としぶしぶ納得するものだ。**もともと、「オレがだめって言ったら、だめなんだ」というセリフは感情的に怒るところが情けないのであって、決定権を感情で争う必要はまったくない。そのために役職というものがある。**役職がない場合は、もちろん言い合いで決める。上司は権力がある以上、感情的になる必要が一切ないのだ。

もちろん、自分のアイディアを出して、上司の選択肢を広げる提案をするのは部下の役割だが、最終的な選択責任は、基本的に上司が請け合う。決定をしないのだったら上司である意味がないのである。だから意思決定ができずに「おまえらはどうなんだ」と聞くような人間には、上司の給料をもらうだけの能力がないとさえ言える。

つまり、ほんとうは「オレがだめと言ったらだめなんだ」で正しいのだ。基本的に正しいけれど、感情に呑み込まれている点が情けないのである。

こんな上司には、きっぱり「**それでは、すべてお任せしますね**」と切り返しておこう。「すべて」の中には、だめだったときの責任ももちろん含めて、という嫌味を多々込めて。

10 「オレはそれ好きじゃない」で済む仕事は仕事ですか？

それは権力誇示？　めんどうくさがり？

アイディアを示したら、**「オレはそれ好きじゃない」**と平気で言ってしまう人がいる。これは、不愉快な感じがする。会社の上司に言われたら、「好き嫌いで仕事を判断するなよ」と言いたくなるだろう。**会社は元来、主観で動くところではないのに、その上司は主観で物事を判断してしまっている。さらに、主観が通るほどに権力を持っているんだぞという、権力誇示の雰囲気がまた嫌な感じ。**論理を先に排除してしまうほど、自分に権力があるとでも言いたげな言い方である。これでは部下もうんざりするに違いない。

好き嫌いではなくて、**「利益が出ない」**とか**「趣旨に合わない」**とか、もっとわかりやすく**「その企画は使えない」「売れない」**と、明快に言ってのけたほうが潔い。

しかし、上司の思惑《おもわく》としては、そんな言葉で済めばよいが、「趣旨に合わない」などと言うと**「どこが合わないか説明してください」**なんて突っ込まれることが予想され、それでひと悶着《もんちゃく》起きることがうっとうしいがために、わざと「好きじゃない」という反論できない言葉で終わらせようとしたのかもしれない。

そういう上司は、かなり多忙な人で、いちいち説明している時間がもったいないのだ。**「もう感覚的にわかってくれよ」**というのが本音だろう。

上司と部下というのは経験知が違うものだ。だから、何でだめかという理由について、たとえいろいろな理由を持っているとしても、一つ一つ述べて説得する義務はないと思っている人のほうが多いかもしれない。そんな時間もエネルギーももったいないという判断である。それはそれで責められることではない。

「私の経験知をかけた総合的判断により」と言い換える

そういう状況では、論理的な説明を常に求める部下の態度こそ考えものだ。むしろ、**「はっきりした理由を示せないんですか」**とか**「論理的に説明してください」**とか、それは逆に部下が言ってはいけない言葉になるだろう。

上司としては、「あまりに経験知が違うので」とか、「その理由を全部説明することもできません」とか言いたいわけだが、めんどうなので心にしまってしまう。しかし、それでは部下も納得できなくて、「それはどうしてですか」と詰め寄る。すると上司は「うるさーい！」と怒鳴ってしまうパターンだ。

では、「好き嫌い」が仕事を左右することについてはどうか。それはビジネスセンスに直結する大事な問題である。

私が思うに、好き嫌いと良い悪いの判断というもののちょうど中間ぐらいに「センス」なるもの

う。

がある。部下からみて上司のセンスが最悪なのに、それで「仕事はセンスが勝負だから、オレの選んだほうがいい」なんて言われると、やる気も萎《な》える。でもセンスがいいというのは、結果を二つ並べて比べられればいいが、それはできない話で、結局それぞれが自分のセンスのほうがいいと思ってしまう。

だから、選ぶときは、好き嫌いではなくて「総合的な判断なのだ」と言うほうがましである。**「オレのセンスからすると……」**は御法度《ごはっと》だ。

例えば、**「自分の経験知をかけた総合的判断により、だめです」**なら、納得してもらえそうだ。**「その経験知について説明することは、大変むだなので……」**と、私なら小さな声でつけたしたくなる。

若く優れたビジネスセンスをくみ上げろ

この「センス」はやっかいなもので、ビジネスにおいて常に問題になる。若い人の優れたセンスが上でせきとめられてしまうケースも少なくない。「オレは、それ好きじゃない、好きじゃない」と言われ続けたら、どんどんいいものが消えていく。若者は不毛感に悩み、傷つく。

そんな上司の対応策をいくつか考えてみた。一つは、上司をとっとと見限って、異動願を出す。もちろん、これは会社によって対応が違うだろうが、最近は若い人のセンスをうまく生かすために企業努力をしているところが増えているので、やってみる価値はあると思う。

やはり、仕事のできる上司というのは、若い感性をくみ上げて成功していくものだ。それで周囲からも評価が高くなる。そういう上司につければ、手っ取り早いわけだ。会社も積極的に、下の優れたアイディアをくみ上げるシステムをもっと確立していくべきだと思うのだが。

さて、もう一つは、部下から上手にアプローチして企画なり提案なりをしていくやり方だ。**「試験的に、限定でやらせてみてください」**と願い出る。例えば、新しい商品なら限定二百個とか、あるいは期間限定で試させてくれという。それが通らなければ、次の手として、ミニマーケティングを行う。例えば、商品の対象年齢である十代の女性百人に聞いて、こんな反応が得られたので、という材料を提示するという方法だ。

だいたい、世の中には、購買層が若い女性なのに、つくっている人が五十代の男性という商品が多すぎる。すると、明らかにずれていて、「おじさんの感覚では無理です」って、部下は思うわけだ。そんなときにミニマーケティングをうまく使うといい。

「センスの壁」は数字で崩せ

これは私の実例である。二〇〇四年に「情報コミュニケーション学部」という学部が明治大学に新設されるにあたって、学部のネーミングで「センスの壁」にぶちあたった。はじめ「情報社会学部」とか、「社会共生学部」というような候補が挙がったが、いずれも悪くはないけれど、あまり女の子が入学したいと感じるネーミングには思えなかった。

これからは、女子が来ない大学には男子も来ない。明治大学の場合は、男がそもそも多いので、男が入る学部はたくさんある。だからこそ、学部を新設して女子に入ってもらわなければという思いがあったので、私は「情報コミュニケーション学部」というのが一番いいと思っていた。

ところが、ネーミングというのは感覚的なものだから、会議がただの言い合いになってしまう。「社会共生じゃ女の子は来ません」と言っても、五十代、六十代のセンスではわかってもらえそうもない。

五十代、六十代の男性と十八歳の女子高生ほどかけ離れているものはない。永遠に理解できない関係なのだ。

それで、数字で示すしかないと思い、自分の知っている女子校を中心に、二、三百人のミニアンケートを行ってみた。結果、「情報コミュニケーション学部」という名称が圧倒的に支持を受け、結局それに決定してしまった。やっぱり数字は説得力が違う。それで、実際に募集をかけてみたら、ほかの学部に比べて女子が大量に来てくれて、一年目にして人気学部となれたのだった。

まあ、ネーミングだけで入ってくれるわけでもないんだけど。自画自賛しているとエネルギーが湧《わ》くタイプですからしかたない。ひとまず、めでたし、めでたし。

つまり、お客さんのほうのセンスが肝心ということだ。上司のセンスなんかは無意味に近い（ずっと勝ちまくってきている人はともかく）。

そもそもヒット商品というのは、最初はだいたい上層部からは批判的だ。ところが、世に出してみると大ヒット、なんてケースが多いものだ。

商品開発に関しては、マーケティングの使い方に問題がある。マーケティングにはためになるものとならないものがあることを知っておこう。というのは、私の実例のように、具体的な選択肢があるときには効果的だが、何となく、どんな需要が隠れているんだろうというリサーチには使えない。

要は、マーケティングは人を説得するために使うものなのだ。それを、アイディアを出すための道具として使うなんて、ばかばかしい。アンケート調査などでアイディアが生まれるなんて思ってはいけないのだ。アンケートから生まれた商品なんて、すでに手あかがついちゃっている。アイディアというのはそんなものじゃなく、それまで何のつながりもないところが、いきなりパーンとつながって、そこで何かがはじけてヒットするものなのだ（抽象的な表現で恐縮だが）。

だから、もちろん需要を聞くこと自体はいいけれど、最終的にそれを形にするときのアイディアは、脳みそを徹底的にフル活用して、すべての経験知をかけて練り上げるものだと思う。「アンケートでこれが一位だから、この商品やりましょう」なんて、そんな安易なものじゃない。その意味で、私は常にマーケティング主義者とは対極のところにいる。

うーん、なんだか深いテーマにはまってしまった。「オレは好きじゃない」というひと言から、はるか遠くまで旅してしまった気がする。結局、ビジネスセンスをどう認めてもらうかという方法論を語りたかったのだ。

老若男女とかかわる生活にヒントがごろごろ

では、ついでに、そのビジネスセンスをどう身につけるかという話をしよう。私は、自分でアイディアを出せなくたって、人のアイディアの良し悪しがわかるセンスさえあればいいと思うのだ。センスがあれば、人のセンスも柔軟に受け入れられる。

それを身につけるには、まず自分が出したアイディアか、人が出したアイディアかということにとらわれないことが大事だ。

誰でも自分というものにとらわれているから、相手のアイディアがいいとわかっていても、自分が出したものに固執してしまう。まず、そういうレベルから脱しなくてはいけない。この心理的障害を取り払い、誰が言ったかはまったく関係なく、柔軟にいいものだけを選ぶセンスを磨《みが》くのだ。

といっても、これは、結構練習が必要である。意識して、「最終的に判断するのは消費者であって自分ではない」と心がけたほうがいい。

例えば、子どもの本のタイトルを考えたときに、私はまず子どもに聞いて回った。すると、自分では、『本を読まないやつはばかだ！』が最高だと思っていたら、小学生から「やっぱりばかだと言われると、何か本を読む気をなくす」と言われてしまった。本を読まなくなっては困るので、じゃ、『頭がよくなる必殺！　読書術』のほうがいいとか、どんどん修正していく。

それは、自分のセンスで決める問題じゃないと、自分でわかっているからだ。そういう意味では、自分の周りに老若男女がたくさんいると、密《ひそ》かなマーケティングを常に行えて、ビジネスに有利である。例えば、周りに幼児がいない人は、幼児番組をつくるときにはやっぱり困る。いつも目の前に子どもがごろごろいる、大学生もごろごろいる、というのは仕事に大いに役立つ。

そういう環境は、教員じゃなくてもあり得るのだ、生活の幅として。

例えば、私が『声に出して読みたい日本語』（草思社刊）を企画したとき、なぜこれが売れることがわかっていたかというと、それは十年近く市民大学でゼミの講師をしていたからである。中心が六十代、七十代の方で、その年代の方たちは暗唱とか朗唱文化が好きだというのがわかっていて、少なくともこの方たちにはまるなと予想できた。その下支えがあったので、本の文字をなるべく大きくしてもらった。

そんなふうに、さまざまな年代とかかわりを持つ生活をすることで、知らず知らずにマーケティングができていたのである。

コミュニケーションこそアイディアの源泉だ

それは、自分の経験知じゃなくて、その人たちの好みとか経験知に照らし合わせて考えられる根拠となる。そうすると、自分の判断とずれているものでも取り入れられるようになっていくだろう。生活の幅を広げるということは、ビジネスにおいて結構重要なポイントなのだ。

私は経験的に、コミュニケーションの中からアイディアのヒントを得ることが多いと思っている。だからコミュニケーションが下手な人は、アイディアの源泉を失っているのだ。子どもや高齢者、あるいはいろんな分野の人と話をしていると、その場でばんばんアイディアがわいてくるものだ。

それは社内でも同じで、コミュニケーションができていれば、アイディアも生まれやすい。**結論を言うと、ビジネスセンスのいい人というのは、コミュニケーションの中からアイディアを出せる人である。自分から出せなくても、話しているうちに出てくる。そういう輪を持っている人は、明らかに仕事ができる。**アイディアを出し合える柔らかな関係が築ける人は、年齢がいくほど経験知も増えて、より確かな判断ができるようになるのだ。

逆に自分にこだわって、自分のこけんにかかわるという考えを持つ人は、すでにだめだと思う。そういう人ほど、たったひと言でコミュニケーションをぶった切ってしまったりする。

そうならないために、この本を生かしていただきたいのだが……。

その5 ネガティブパワー、炸裂！

11 「現実的には難しい」は人望を失う言葉です。

やる気のなさを噴出するな

世の中には、**「それおもしろそうだけど、現実的には難しいんじゃない？」**と言い放つ人が、結構いるもんだ。もう「難しい」が口癖になっている人もいる。仕事場でも、上司・部下を問わずよく聞くセリフだ。一見もっともらしいんだけど、私はこれを聞くと、途端に「だめだ、この人」と思ってしまう。

似た感じで、**「うーん、悩ましいな」**と言う人もいるけど、私はどっちも嫌いである。もっとも、悩ましいという言葉は大人になるまで知らなくて、悩ましい問題というのは、何かセクシーな問題だと思っていたのだ、実は。

とにかく、難しいと連発する人がなぜだめかという話。その人はあたかも「アイディアとしてはいいが、現実には難しい」と言っているようだが、**実現できない内容なら「アイディアそのものが悪い」ということに他ならない。だから、「アイディアとしてだめだ」と言うべきだろう。**

でも、そう言わずに、「現実は厳しいんだよ」的に言う。そういう人は、あらかじめ障害を計算に入れすぎてしまっているようだ。

私の感覚で言えば、やるかどうかがすべてで、決断することが最重要事なのである。天然痘《てんねんとう》さえ人間は撲滅《ぼくめつ》したわけだから、たいがいのことは何とかなるものだ。何とかするためには、トラブルをとにかく乗り越えなくては、いいアイディアだって出てこない。それを、決める前に現状の収支決算とか、だめな理由を二十個挙げ連ねて「難しい」と言っていては先に進めないのだ。

思うに、「現実的には難しい」とは、腹を決めて、リスクに身をさらし、その危機感のもとでアイディアを出し続けた経験があまりない人の発言ではないだろうか。そういう人は、ネガティブパワーを噴出させる傾向がある。

たかが社会をちょっと知っている程度の経験知を売り物にして、結局何もしようとしない。やる気のなさをそれでごまかしているのだ。

言い訳は仕事のできないやつがする

こういうケースは非常に多いと思う。これが口癖になると、かなりまずい。だって、最初から困難を乗り越えるためのアイディアを出そうとする気力がない、と公表しているのだから。ただめんどうを避けているようにしか聞こえないのは、当たり前だ。

つまり、気をつけないと、またたく間に人望を失う言葉だと私は思う。やる気をなくす言葉でごまかされるぐらいなら、最初から**「勝算がない」**と言ってくれたほうがましだろう。

実はこれ、子どもと同じ傾向なのだ。やる前に言い訳してしまう。結局できない人の特徴であると断言してしまおう。

子どもに何かやらせようとすると、すぐ**「えー」**とか**「無理」**とか言う。やってみてもいないのに、**「いや、それ難しいんじゃない」**とか**「そうは言っても」**とか、子どものくせに言うのだ、必ず。すると私は**「やったことないのに、なぜそれができないって言えるんだあ!」**と怒りがこみ上げてくる。

仕事のできる人は、「できない」ではなく「できたらいいな」と発想する。それで、できるためには何をすればいいかを考えていく。すると、不思議と実現してしまい、それを繰り返していくものだ。

「たいがい何とかなるもんだ」という懐の深さがあって、最初に言い訳しちゃう人とは、この差が非常に大きい。

「難しい」と言うくらいなら、黙っているほうがいい

以前、学生に英語でプレゼンテーションをさせるという授業をやらせてみた。それは、前に私が「英語でしゃべらナイト」(NHK)に出演した際、「何でおれが英語番組に出なきゃいけないんだ。それを、総合テレビで全国に流されるつらさがわかるか」と、私のストレスを学生に体験させようとしたのがきっかけである。

すると、最初「えー、できない」と叫んでいた学生が、次第にめちゃくちゃおかしいプレゼンを始める。二百人が四人一組になって順番に自分の好きなものについて一分間英語で話すのだが、豚骨ラーメンを語ったやつが一番うけた。「ア　ピッグ　ボーンスープ　チャイニーズヌードル　ユーノウ?」みたいな感じで、見事にシンプルな英語なのだが、実によくわかる。これを聞くと「これぐらいでいいん

その5

ネガティブパワー、炸裂！

だ」という見本になり、みんなを元気づけた。このプレゼンテーションをきっかけにして、四人でディスカッションをするのだ。

それから一週、二週と続けるうちに、慣れてきて、どんどん飛距離が伸びていく。最初は一分どまりだったディスカッションが二分になり五分になる。こんなふうに、やってみるとわかるということが必ずあって、心の中の「食わず嫌い」というか心理的障壁《しょうへき》を乗り越えることが、まず必要なのだ。

その場合、教師である私が断固として決行しなければいけない。学生に「どうかな、無理かな、できるかな？」なんてアンケートをとってもどうしようもない。「できない」「やりたくない」と答えるに決まっている。そんなものを聞いてもむだなのだ。

だから、私は、「難しいですね」という言葉さえ意識して使わないようにしている。実際、難しい問題というのはあるけれど、難しいという言葉を口にすること自体がむだであるし、逆風になってしまう。ならば、黙っているほうがまだいい。

意識して「使わない言葉」を自分に課す

「難しいですね」という言葉を生涯使わないと決めたら、これはかなりいい訓練になるだろう。気がつくと、この言葉はふっと上がってくる、口のそばまで。そのときに、瞬間的に押さえ込む。難しいとか、あるいはできないとか、ネガティブパワーを出す言葉を意識的に排除していくのだ。

私は、我ながらこれを実践していると思う。例えば、ネガティブな言葉だけではなく、先送りする言葉も口にしない。**「また後日」「もうちょっと様子見てから」「今度改めて」**といった類の言葉だ。それを相手が言うと、**「今ここでけりがつけられるのだから、すぐにやっちゃいましょう」**と、必ず反論したくなる。

だって、状況なんて、たいして変わらないのだ。二週間後に明確な判断を下せる何かがあるのなら待つけれど、たいてい二週間寝かせること自体に意味がないものだ。

現時点での資料や材料で下せる判断ならば、そこで判断してしまう。それが、その後にだめそうだとわかっても、二週間あれば直す余裕もある。それを、二週間先送りしていたら、修正する機会が失われていたかもしれない。普通、判断が早いと誤りやすいと思うかもしれないが、判断が早い人ほど、修正も早いのだ。

特に何人かが集まるときは、その時点で判断してしまう。だって、もう一度集まるというのがめんどうくさいではないか。互いに貴重な時間を割《さ》きあって集まっているというのに。そして、集まりの最後は、必ず次までに何をしておくかを決めて、確認しあって終わることを鉄則とする。

「じゃ、まあ、そういう感じで」という何となくの終わり方が一番悪い。

はっきり課題を決めずに別れると、その後の二週間とか三週間がむだになることが多いのだ。それは互いに困るでしょ。

だから、判断先送り系という人たちは、そこのところを反省していただきたく……。

12 「はあ〜（ため息）」は、心のトイレで済ませよう。

ため息で人は奮起しない

私は**「はあ〜」**というため息を、子どもたちに対してよく使う。これは「嫌だろう、おまえ」というふうに追い込む技であるが、結局は単なる嫌がらせか。

これが仕事場でも頻繁に見かける。私のように技化《わざ》して（あるいは嫌がらせで）使う人は少ないと思うが、ため息をつく人は、やっぱり相手に対する失望感、絶望感を表現してしまっている。

ため息は「はあ〜、期待外れで力が抜けたよ」ということを露骨に示すボディ・ランゲージなのである。これが癖になっている人は気をつけたほうがいい。

部下に仕事ができなかった言い訳を聞かされたときなど、「上司のオレがここまでやっているのに」と言いたげに思いっきり不機嫌な顔をして「はあ〜」とやる。いるよね、そういうタイプ。「こんなにやっていてこれかよ」を「はあ〜」で表現しているわけだ。

ここでは、相手の反発力を期待している。**「おまえにこんなに期待しているのに、はあ〜、まったく」**

という形で、なおも期待という圧力をかける。しかし、ため息をつかれて奮起するというのは相当な信頼関係だ。

普通、ため息では人は奮起しない。むしろ逆効果。だったら、明確な目標を言ってくれたほうが奮起しやすいし、「こんなの全然だめだ」と言われたほうがましだ。ため息は、決して人のモチベーションを高めないものなのだ。

だから、どうしてもため息をつきたくなったら、〝ため息場〟に行こう。それは喫煙所とか階段の踊り場とかトイレとか、自分で決めておいて、そこでたっぷりついておく。いわば、〝ため息場〟は心のトイレである。

し尿をあちらこちらでまき散らしたら失礼なように、ため息も心のトイレで済ますのが大人のエチケットである。心のトイレは必要である。ため息は人前でやるものではないから。

一方で、ため息というものは、他人に指摘してもらわないと気づかないほど、自然な行為だったりもする。たばこを吸って思い切り「はあ」と吐き出す人は、ため息をつきたくて喫煙しているようにすら感じる。だから、喫煙所はため息軍団の溜《た》まり場と化すのだ。

でも、喫煙所や心のトイレに行く元気も出ないほどうんざりしたときは、**「ちょっとため息ついていいかな?」**と、ひと言お断りしてからにしよう。これならギャグっぽくて、許してもらえそうだ。

チャーリー・ブラウンなら、天を仰いで「やれやれ」

ただ、私の専門である呼吸法の観点から見ると、ため息は、たまっていた空気を一度出し、より深い呼吸に立ち戻るための試みととらえることもできる。この場合のため息は決してネガティブなものでは

その5

ネガティブパワー、炸裂！

ない。つまり、絶望的な状況から立ち直ろうとする悲しいまでの試みとして、前向きに理解してあげよう。

私は、たぶん、「はあ」がいけないのだと思う。面と向かって「はあ」とやられると、ほんとに嫌な気がする。そこで、「はあ」を**「ふう」**に変えると、少しましにな……らないか。

それとも、スヌーピーの友人、チャーリー・ブラウンのようなため息がいいかもしれない。彼はよくため息をつく。それが**「やれやれ」**という感じで、自分自身の置かれた状況を客観視しているときに出てくる。天を仰ぎながら、**「グッド・グリーフ」**（「やれやれ」）とつぶやくわけだ。

同じため息でも、その「やれやれ」は、相手に対してぶつける「はあ」とは、どこか違う。何だか味わいのあるため息と言おうか。

なので、これからは「はあ」とやらずに「やれやれ」と言おう。「やれやれ」と言うと、欧米文化みたいで、さらに言えば村上春樹的。あるいは、**「おや、まあ」**とおとぎ話風に言ってみせるのもいい。何かとんでもないことが起きたぞ、という感じが出せる。

ため息のかわりに「おや、まあ」とか、「やれやれ」とか、**「はて、さて」**とか言うと、なんだかおもしろそうだ。もう誰に言っているのかわからない感じになって、「はて、さて」とか「やれやれ」と言ってるうちに、結構気が晴れる。

その「やれやれ」「おや、まあ」という日本語に当たる英語が「グッド・グリーフ」である。よい災難、よい悲しみといった意味合いで、「グッド・グリーフ」というのが『ピーナッツ・ブックス』の決めゼリフ。「みんな、さあ行こうぜ」と言った後、チャーリー・ブラウンがピッチャーズマウンドでめった打ちをくらって途方にくれる。それで「グッド・グリーフ」（「やれやれ」）というあの感じ。窮地に追い込まれたとき、天を仰ぎつつ「やれやれ」とつぶやいて、「オレはチャーリー・ブラウンか」と自分に突っ込める上司はすごいと思う。

できがよくても悪くても「ファンタスティック!」

とにかく、ため息が出てしまう状況、「うそだろ、もうやめてくれ」といった状況を考えると、まず、込み上げた怒りを一度逃がして冷静にならなくてはいけない。もしかして、怒りを逃がすためにため息が出るのかもしれないが、「はあ〜」では露骨すぎて嫌味だ。そのかわりの「グッド・グリーフ」案もいいが、もうひとつ「ファンタスティック」案がある。

この言葉は使いでがあって、なかなか利用範囲が広い。例えば、だめなものを見たときに、**「ファンタスティック!」**と言う。これは、イギリスの演劇、ロイヤルナショナルシアターの先生から学んだ言葉で、彼はすべてを「ファンタスティック!」の一語で済ませていた。「ファンタスティック」。これは便利だと感心ド下手な演技も「ファンタスティック」、失敗しても「ファンタスティック」。これは便利だと感心し、以来、多用させてもらっている。

学生にもよく使わせている。下手なプレゼンテーションが終わったら、聞いていた別の学生が立ち上がって、「ファンタスティック!」と言わせるようにもした。なぜかというと、教師というのは、できる子を褒める仕事じゃなくて、だめな子をどうやって褒めるかが仕事なのである。そういう不自然な職業なのだ。

自然にやれば、できる子ばかり褒めて、できない子は一生褒められないことになる。それでは学校が嫌になってしまうので、そうではなく、「ファンタスティック!」と言ってあげる。

これはすごくいい言葉で、幻想的、空想的、奇想天外、気まぐれ、突拍子もない、風がわりな、という意味のほかに、すばらしい、グレート、すてきだという意味もある。あるいは一方で、「とんでもない」という使い方をする。「もうとんでもない、想像もつかなかったよ、いい悪いは別にして」と。つまり、褒めもけなしもせずにあらゆる場面で使える言葉なのだ。

だから、「ファンタスティック！」と言うと「何を言ってるんだ、こいつ」という感じで、それが日本語では「おや、まあ」となる。

「おっと」と驚き、「合点承知之助」と快諾

もうひとつ、オススメなのが、**「おっと」**。これも愛嬌があっていい。**「おっと、そう来たか」**みたいな感じで使う。驚いたときには「はあ」と言わないで、**「おっとー」**と伸ばすのが正しい使用法である。

上司の立場でだめな部下を見たときに、**「何やってるんだ」**とか、**「やる気あるのか」**とか、**「ふざけんな」**とか、**「遊びじゃないんだ」**とか瞬間的に口をついてしまうケースが多い。

しかし、そう反応してしまっている状態がすでにだめなのだ、上司として。

その瞬間的に込み上げるやり場のない怒り・吐き気、それを私は「むかつく」の定義にしたのだが、そのむかつきを部下にぶつける前に、食いとめる。その手立てとして、まず、「おっと」と言って、しばらく絶句する。すると、聞いている部下のほうも「悪いことしちゃったな」と思うだろう。これで、少し大人の対応ができるわけだ。

この「おっと」を使うキャラクターは、さしずめ三《み》宅《やけ》裕司《ゆうじ》かな。懐が広く、何を言っても、「おっと」と一度吸収してくれる感じ。そういう意味では、キャラづくりとしてもいい言葉だ。やっぱり、これか

らの管理職は「おっと」でしょう。

「おっと」は、部下もときには使える。嫌な仕事を振られたときに、**「おっと、そう来ますか」**と対応する。そういうときに**「えっ」**と言う部下は、それだけで嫌われると断言しよう。**社会人として、「えっ」は禁句なのだ。**

上司は言われた瞬間に、「えっ、と言うな」と怒りが込み上げる。学生ではないのだからして、社会人は「えっ」と言わないのが仕事である。

例えば突然の異動を命じられて、「えっ」と言うのはプライベートの感覚であって、それを仕事場に持ちこんではいけない。聞き苦しいので、そこは「おっと」で切り抜ける。「えっ」よりははるかにましだが、部下の場合の「おっと」は、ぎりぎりセーフ、いやアウトかな……。

おっと、わかった。この場合、部下は「おっと」の後絶句してはだめなのだ。で、「おっと」と驚いた上で**「合点承知之助」**と続ける。

私は、『おっと合点承知之助』(ほるぷ出版刊)というタイトルの絵本まで出してしまったが、十万部も売れてびっくりした。そのかいあって、「おっと」と言ったら「合点承知之助!」と、今どきの子どもはみんな言えるまでに成長した。「おっと合点承知之助音頭」なるものまで『にほんごであそぼ』(NHK教育)でつくっていただいて、恐縮至極。「♪おっと合点、おっと合点、合点、合点だ」と、これはうけた。

つまり、私は「おっと合点承知之助」という言葉を幼児から教育し、「気持ちよく事を引き受けろよ」というメッセージを発信し続けているのである。

この深い意味を子どもは知っているというのに、今の二十代、三十代が知らないのは情けない。ぜひ練習していただきたい。ちなみに、「合点承知之助」はただのごろ合わせだから、**「平気の平左右衛門」**でもいい気がするけど。

最近は子どもも大人も、「えっ」と言うが、それは言い訳を含んでいる嫌な言葉だ。私の塾の子どもたちには、「言い訳をすると心が弱くなるんだぞ」と言って、「絶対言い訳するな、何を言っても『えっ』と言うな」と叱ってしまう。

「えっ」ではなく「おっと」。これだけのことだが、ほんとうに使える技というのは、非常にシンプルだけど効くものだ。もし、部下に「その仕事、まだ全然やってません」と言われたら、まず「おっと」と驚こう。

上司に「お前は明日から無人島勤務だ」と言われても、やっぱり「おっと」と……。

その6 責任放棄の捨てゼリフ

13 「そのうちわかるよ」は、「質問するな」に聞こえます。

質問しやすい雰囲気は、上司の資質

会社の上司に質問をしたら、とんでもないセリフが返ってくることがある。これも、そんな一つだ。わからないから聞いているのに、**「そのうちわかるよ」**なんて言われると、小ばかにされたようで、「この人はほんとうにわかっているのか」と腹も立つ。しかし、このセリフを言ってしまう状況には、いくつか違った事情があるように思う。

一つは、当人が説明能力に欠けている場合。それは、「今、自分は的確に説明することはできないが、けれども、そのうちわかるよ。というか、わかってくれ」という状況。

もう一つは、ほんとうに説明しようと思えばできるのだが、今それを説明することにさして意味がないと判断した場合。仕事では経験知の違いが問題になるが、経験知があまりに違う人間にいちいち聞かれることが、子どもの質問みたいにうるさく思えることもある。「何で何で何で」とやられると、こういう言葉で逃げたくなってしまう。説明する時間も惜しいし、それで仕事のテンポが遅れることがもったいない、という判断である。
だが、いずれにしても、「そのうちわかるよ」からは説明責任を放棄しているようにしか感じられないだろう。**それは、質問を拒否している態度に他ならない。まるで「質問をするなよ」と言われているようで、次から質問がしにくくなる。**

部下から上司へのコミュニケーションが、基本的に質問が中心であることを考えれば、それができなくなると、コミュニケーションそのものを断ち切ることになる。

だから、部下が質問をしやすい雰囲気をつくるのも上司の一つの能力なわけで、「そのうちわかるよ」をよく言ってしまう人は、上司の資質という観点からするとマイナスポイントになるのだ。

コーチングという理論では、部下の質問に耳を傾けるという練習の必要性を重視している。**「なるほど」「そうだね」**と、まず肯定してうなずいてから、意見を言う練習である。

本来、上司は部下にとって質問をしやすい人になるべきで、部下が寄りつきやすい雰囲気を身につけるべきである。

いい上司は全体の効率を最優先する

また、このセリフの怖さは、いわば部下を子ども扱いしているというふうに受け取られやすいことにある。ここが、非常にまずい。例えば、子どもに「赤ちゃんってどうやって産まれるの」と聞かれたら、「そのうちわかるよ」って言いたくなる。まだ知らなくていいんだ、というような態度。こうした子ども扱いしたニュアンスが、この言葉に感じられる。

さらに深刻なのが、「そのうちわかるよ」の中に、秘密事項をつくっておいて、自分と部下との力関係を逆転させないようにする、ある種のせこさとして部下に映ってしまうことである。それは普段から、部下に対して自分のポジションや権威というものを守ろうとするがゆえの発言が多いからではないだろうか。

優れた上司なら、まず全体の効率を最優先する。例えば自分の意見が否定されたとしても、それよりいいアイディアが出れば、結局それを引き出した上司の手柄になることを知っている。ところが、個人的なポジショニングばかり気にする上司は、そう考えない。あくまで個人としてふるまい、手柄をたてたがる。だから、部下は「わかっているなら言ってくれよ。わからないんだったら、わからないと言ってくれ」と、いらだち気味にそう思うのだ。

その場合、「そのうちわかるよ」の内容が、全員に共通認識としてわかったほうがいい性質のものであるならば、当然説明責任があって、それをしないのは責任放棄と見なされてもしかたない。

最終地点を確認する質問に絞り込む

では、悪意なく「そのうちわかるよ」と言っている人が、誤解されぬように部下を納得させるには、どう言えばいいのだろうか。

一つに、「そのうちわかるよ」の「そのうち」を明確にすればいいと思う。例えば、「ある段階に来たらどうせわかるから、今、全部説明するのはエネルギーロスだ」と考えるなら、そう言えばいい。それは当たり前のことで、例えば、カニとかタコとかを言葉で説明しようとすると、すごくめんどうくさい。どんなに説明しても、見たことのない人はカニやタコをイメージするのが難しいからだ。

でも、見れば一発でわかる。すると、どうせ後で見るのだから、そのときはっきりするだろうという判断は、間違いじゃない。

つまり、**「今はそのタイミングではないが、その時期が来たらわかるから」**という、その時期をはっきりさせておけばいいのだ。

まだプロセスの途上で、その現物を見せることができない、あるいは仕事の全貌《ぜんぼう》を経験させることができない段階で、**「今やることの意味は何ですか」**というふうに聞かれたときにも、「そのうちわかるよ」と言ってしまいがちだ。そんなときは、**「現時点では、これこれを押さえておいてくれればそれで十分だ。後はやりながら、おいおい説明していくから」**というふうに言えば、納得してもらえるのではないだろうか。

一番困るのが、上司自身が理解していない場合。**「いや、オレもよくわかっていないから説明はできん」**というふうには、なかなか言えないけど、言える上司は、すがすがしい。

もし、「そのうちわかるよ」と言われたときは、部下も**「そのうち、って、どのうちですか!」**なんて子どもっぽい反論はやめて、**「じゃ、今の時点で押さえておくべきことは何ですか」**と切り返してみよう。あるいは、**「最終的なイメージは、だいたいどんなものなんですか」**というような聞き方もあるだろう。

嫌なセリフを言う上司を責めるのは簡単だ。でも、もしかして、質問者の側にも問題があるのかもしれない。途中の細かいことをいろいろ聞きすぎる部下もいるから。すると、答えるほうが、「いちいちそんな細かいことを聞かんでくれ」という気持ちになってしまう。**こういうときは、質問事項を根幹的なものに絞り込むよう心がけたほうがいい。**

最終的にどこにどうおさまるのか、というような最終地点の確認をする質問になら、私も「お答

えしよう」という気になる。

猪木《いのき》も言っている、「行けばわかるさ」と

それで、もし上司が明らかにごまかしている場合は、追い込まないことが大事である。「そのうちっていつですか」とか、「ほんとうに説明できるんですか」とか間違っても言ってはいけない。

部下として、やはりそこは気を使わねばならぬ。**上司とはプライドを最大の糧《かて》にして生きている生き物であることを理解してあげよう。だって、職場の上下関係というのは、純粋に能力だけで決まっているわけではないのだから。**

そういえば、以前、アントニオ猪木が**「迷わず行けよ。行けばわかるさ」**という言葉を著書のなかで使っていた。猪木によると、何でも一休《いっきゅう》禅師の言葉らしい。「そのうちわかるよ」と言われれば腹が立つが、「行けばわかるさ」と諭《さと》されれば、まるで一休禅師の見えざる手によって導かれているようだ。

猪木ファンなら、猪木が背中をぽんと押してくれたようで、元気すら湧いてくるに違いない。「そのうちわかるよ」と言われたら、「迷わず行けよ。行けばわかるさ」と解釈しよう。アントニオ猪木がそう言っているのだから、それでいいじゃないか。

14 「おまえに任せるんじゃなかった」は、眼力のなさを露呈する。

上司なら範囲を設定して攻めさせよ

仕事を任されてうまくいかなかったとき、**「おまえに任せるんじゃなかった」**と上司に言われたら、相当ショックだろう。**「おまえじゃ無理だったか、やっぱり」**なんて、植木等《うえきひとし》の無責任男だ。でも、よく考えると、「任せるんじゃなかった」と言うこと自体、そもそも語義矛盾である。

なぜなら、後から否定的なことを言わないことを「任せる」というのだから。当然ながら、部下は、**「そんなこと言うんだったら、最初からやらせるなよ」**とか、**「終わってから言わないでくれ」**とか、不信感を抱くだろう。

では、なぜこういう事態に陥ってしまったかというと、任せる範囲が不適切だったからではないだろうか。例えば、それが不始末に終わっても、外へは被害が波及しない範囲に狭めて仕事を任せる。あるいは、期限を区切って任せる。そうすると、そこでもしミスが出ても、納期までには間に合い、失敗をリカバリーできる。そういう範囲で任せればよかったのだ。すると、その失敗は失敗として許容できるだろう。

しかし、こういうことを言う上司に限って、おそらく、漠然と部下に仕事を投げてしまっているのではないか。ひどい場合には丸投げ状態。つまり、上司がその仕事のデザインができない状態で、仕事の進め方や段取りも部下にお任せしちゃう。それで、できなかったら「任せるんじゃなかった」と言う。ひどい話だ。

そうなると、上司の仕事は何なんだ、ということになる。

部下としては、この範囲までのミスだったらリカバリーできる、という安心感のもとで戦いたいのだ。そのほうが攻めに回れる。つまり、部下が攻めの気持ちになれるシチュエーションをつくることが、上司の仕事なのだ。

それが、範囲設定せずに任せてしまうと、「とにかくミスをしちゃいけない」と守りの気持ちに入ってしまうおそれがある。期限を決めて、範囲を決めて、その期間はお試し期間じゃないが、リカバリー覚悟でやらせてみる。それがうまくいったら、また次に進めていけばいい。その範囲を設定するということが、上司の力量と言えるのではなかろうか。

それで、失敗したら上司が責任をとるというスタンスでいてくれると、部下は仕事がしやすい。もし、うまくいったら部下の手柄にする。これが上に立つ人間のあるべき姿である。こんな上司なら、部下は非常に戦いやすい。ポジティブになれる。

要するに、「任せる」という言葉は、相手をやる気にさせる究極の起爆剤なのだ。「おまえに任せる」と言われれば、最高にやる気になる。しかし、一方で、範囲をきっちりしないと、上司には命取りになる言葉だということを肝に銘じよう。

結論として、「任せた」と安易に使わないほうがいい。「任せたから、おまえが責任とれ」と言うのは、任せたことにならないのだから。

「任せる」は任せた人間の腹が試される

だいたい、「おまえに任せるんじゃなかった」の「おまえに」と言った時点で、その上司は任せた部下の能力全体、さらに人格までも問題にしてしまっている。これは、「おまえはばかだ」というニュアンスに近い。能力全体を問題にするのではなく、仕事がうまくいかなかった具体的な理由について話をするべきなのだ、本来は。

任せたはずの仕事の、どの部分が能力を超えたものだったのか、あるいはネックとなったのかをクリアにしていく。その場合、まずかったところを自己評価させてみると、互いに問題点がはっきりする。

もちろん、結果だけですべてを判定していく評価システムもあるだろう。けれども、結果だけでは、上司の眼力が鍛えられないし、部下としても何が悪かったかについての認識力が鍛えられないままに次の仕事となり、できない人間はまた自信を失うという結果になりかねない。

とにかく任せれば伸びるというふうに考えてしまうと、やっぱり結果は出せない。どこが超えられなかったのか、それはどうしてかの共通認識を得たうえで、もう一度克服させようとするか、それとも、まだ無理だから別の部分でやらせるか。それは上司の次なる判断である。

「任せる」とは、任せた人間の腹が試されるということである。昔は「人物は腹で大きさをはかれ」と言われた。腹が大きいというのは、他の人に任せることができる人である。それにはリスクを伴う。だが、そのリスクを呑み込んだうえでやらせる。それが、腹ができているというのだ。

「おまえに任せるんじゃなかった」という上司は、腹も小さいし、おまけに眼力のなさを自分で宣伝しているようなもので、より一層みっともない。聞く人が聞くと、例えば、その上司のまた上司が聞いていたとしたら、「だめだな、これは」と思うに違いない。**「自分には見る目がありません」**とみんなの前で言っているわけだから。

私は、**上司の主な仕事は、やっぱり眼力とコメント力だと思う。**自分で選んで、結果が出て、それにコメントをする。その眼力とコメント力さえあれば、何とかなっていくと思うのだ。それが、このセリフを言ったことで、眼力もない、コメント力もないと、露呈してしまう。

常備したい『眼力チェックシート』&『不始末原因シート』

この際、何を見込んでその人間に仕事を頼んだのかという項目をたてた用紙をつくり、その結果どうだったかを検証してみてはどうだろう。名づけて、『眼力チェックシート』。そうしてみると、ミスの原因が見込んだ力とは別の次元にあったことがわかり、「確かにそこまで要求してなかったな、自分は」というケースが出てくる。その仕事に要求される力と、自分が相手に見込んだ力の間に、ちょっとずれがあったと、そういうところがわかってくるのではないか。

私も経験がある。以前、小学生に論理力をつけさせる教育を目指したときに、学校の試験ではいい点をとらせられなかった。要するに、単純な暗記とか漢字練習とか、そういうことをおろそかにしていたからだ。論理力を鍛える本格的な授業をやっているつもりが、それが点数的には低かったというケース。そのとき、もし親たちから「点数がとれる授業をしてほしかった」と要求されれば、私の授業は見込み違いとなる。

その6

責任放棄の捨てゼリフ

要するに、見込んだ力と関係ないところでトラブルが起きている。ならば、今度は徹底的に点をとらせるために、結果を求めるやり方に変えていけばいいわけだ。それならば、ビジョンをこのように変えてやってみます、と話を前に進めることができる。

一方、部下の側も失敗した理由を紙に書いて出してみてはどうだろう。ポイントを三つに絞って箇条書きにする。言い訳ではなく、何がネックになってうまくいかなかったか、失敗の原因をとにかく三つ挙げる。三つ出せば、だいたい全体がつかめるものだ。

これも用紙をつくって、会社に常備しておくといい。部下が言い訳しそうになったら、「はい、どうぞ」とその紙を渡す。こちらは、名づけて『不始末原因シート』。用紙には一、二、三と数字を入れて、「具体的にお願いします。優先順位の高いものから順に書いてください。謝ったり、言い訳したりする必要はありません」と添え書きしておこう。始末書よりずっと有意義なはずだ。

書面で出されると、上司も一時の感情的な怒りを逸《そ》らすことができる。紙に書かれた理由を見たときに、改めて激怒する可能性もないとは言えないが。とにかく、面と向かって話をすると、理由を聞く前にひと言怒鳴りたくなるものだ。

何か相手がしゃべり始めると、「言い訳するな！」と。ほんとうは理由を言っているだけなのに。そんなときは、『不始末原因シート』に記入してもらって、いったん落ち着いてから、怒り出すようにしよう。「やっぱりそうだったか」、と。

でも、改めて不始末の原因を読んだら、驚いてしまうかもしれない。原因が**「忙しかったから」**なんて書いてあったりすると。もちろん、これは部下が言ってはいけないセリフである。もっとひどいのが、**「指示があいまいだったから」「そうと言ってくれればよかったのに」「まさか、そんなことが起き**

ることは思っていなかったから」などなど。上司を激怒させる名文句がぞろぞろ出てきそうだ。〝激怒シート〟になってしまうかもしれない。

しかし、この理由を書かせた時点で、その人間がどういう認識力を持って事に当たっていたかがよくわかるわけで、そういう意味ではすばらしいシートになるはずだ。文字で書かれた三項目があることによって、話も深まるだろう。そうじゃないと、「おまえっていう人間はな」なんて始まって、「そもそも、生き方がなってない」とか言い出しそうではないか。このシートがあれば、人間性を問題にして話が本筋からずれるのを避けることはできるだろう。

やっかいなのは、「とにかく任せた」と決めゼリフのように乱用する人たち。あるいは、任せたとはっきり言っていないのに、失敗したときだけ「おまえに任せるんじゃなかった」と言う人たち。これは、もうトラップといっていい。

「任せた」なんて言っていないのに、失敗したら「おまえに任せていたのが失敗だった」とは。天下無敵の嫌がらせに近い。

勝手な推測だが、こういう乱用組や天下無敵組に限って、部下がいい仕事をしたときに、「おまえに任せたから成功したよ」「おまえに任せてよかったよ」と言っていないように思う。一度我が身を振り返って、どんなセリフを言っているか、チェックしてみよう。

乱用組で、しかも部下を正当に評価していないかどうか、改めて〝自分〟を知るために。

15 「オレは聞いていない」って、責任押しつけるな。

会議にかければ安全

会社に入って二年目の卒業生から聞いた話だが、上司からゴーサインが出た企画を進行中、あと少しのところで、その上司が突然**「オレは聞いていない」**と言い出したという。結局、企画は完全にストップしてしまった。「最後のところで、それはないだろう」と、そいつは嘆いていた。

部下からすると、すでに話を通してあるし、口頭でゴーサインをもらっていた、というケースである。しかし、上司は「聞いていない」とつっぱねる。

これには、二つ考えられて、まず、ほんとうに完璧に忘れたというケースと、もう一つは、覚えているが聞かなかったことにしようとするケースだ。

いずれも実社会ではよくあることだが、かといっていちいち書面で確認できない。会社でやると、ハンコをもらって、さらにハンコをもらって、とかえって煩雑《はんざつ》になってしまう。一番目、二番目、いずれのケースにしても、最適な解決策は会議である。

会議を通しておけば、言った言わないの水かけ論にならずに済む。企画会議で決定なら、外部の人間にも安心して発注できる。いわば、安心の手続きを会議という形でとっておくのである。

会議で決定した場合は、後戻りしない。しかし、上司と一対一の話で部下が「オーケーをもらえた」と思うのは、上司としては「まあ、いいんじゃないの、話をしてみるぐらい」といった程度かもしれない。それは、後になって**「そこまでやれとは言ってないよ」**とか、**「誰が金使っていいって言った」**というような話になりがちである。

後戻りがきかないところまで周りを動かしてから確認をとるというのでは間に合わないので、そのために会議を活用するのだ。企画会議はそのためにあると言っても過言ではない。

要するに、会議は企画を出すために必要なのではなく、出された企画を正式に承認する場であるということだ。

結婚に証人が必要なように、第三者が見てくれているという安心のために行う。そうでないと、上司の気まぐれで、「いや、オレ聞いてないし、中止だ」なんてやられては、もうやってられない。

そのひと言で部下が危険にさらされる

二番目のケース、すなわち〝忘れたふりする上司〟でありがちなのは、企画を途中で中止するときの理由に「聞いていない」を使うパターン。自分でも、薄らぼんやりとオーケーを出したのだけれど、聞いているうちに、どうも生産性のない企画だと思い、はっきりそう言うのも悪くて「聞いていない」で済ませようとする場合もある。

部下に気を使っているようだが、この「聞いていない」という言い方は、実は**「おまえが勝手にやっ**

た」という責任の押しつけになるのだ。少なくとも、部下はそうとるだろう。

いずれにせよ、その企画に対して「オレは聞いていない」と言うこと自体ネガティブである。これはもう単純に、「企画が進んでいるようだが、私の判断でこの企画は中止する」と言えばいいのだ。

それを聞いた、聞いていないという問題にしてしまうと、責任を部下に押しつけようとしていると見られて(実際に押しつけている場合もあるが)、上司は部下からの信頼を失う。

だから、完全に上司が忘れているケースも、自分では判定できずに水かけ論になってしまうだけなので、「私の判断で中止する」と言ってしまえばいいのだ。上司が自分の責任で中止すると言う以上、部下としては、それはもうしかたないと思わざるをえない。

例えば私の場合、ある本の企画が来て、走り出した後で、「いや、すみません、正式じゃなかったんで」って言われたら、やっぱり怒る。その怒りは、知りもしない編集長にではなく、直接目の前の担当者にいくだろう。「おまえとは二度と仕事しないぞ」と、心の中で誓うのだ。

こういう話はよくある。かなり進んでしまったところで、「聞いていない」と言われてしまうケース。それは個人の問題だけではなく、システムのまずさも含んでいるのだろうが。いずれも決定的にまずいところは、外部との人間関係を壊してしまう点である。

外部を巻き込んで企画を進めた当人は、社外からの評価をがくんと落とすことになる。かなり深刻な問題なのだ。社外の人間としては、「だから、そこを押さえておけと言ったのに」とか、言いたくなるに違いない。

あるいは、それをたとえ十分確認をとっていなかったとしても、「ここまで進んでいるのだから、やらせてもらえてもいいじゃないか」と思う。それができないのは、「おまえの評価が社内で低いせいだ」という、不信感がまた募《つの》る。つまり、部下の大変重大な信用問題になってくるのである。

だから、上司が「オレは聞いていない」と言うときには、場合によっては、部下の身を相当危険にさらしていると思ったほうがいい。社外の人間がかかわる場合は特にである。もちろん、社外でなくとも、誰かが必ずかかわっている。

部下はリミットをクリアにして、自衛せよ

だいたい、部下のほうも注意深く事に当たらねばならない。もともとゴーサインなんてあいまいなものを信じるのはどうなのか。

ゴーサインというと最後までやっていいようなニュアンスがあるが、ほんとうは、どこまで進めていいのかを確認するリミットサインをとらなければいけない。もし、会議にかけるほどの大きな内容でなければ、特に、こまめな連絡・確認を怠ってはいけないと思う。

例えば、**「ここまで進めていいですか」**とか、**「相手に企画の内容を話していいですか」**とか、**「ギャラの話までしていいですか」**といった具合に、リミットを何項目か出してクリアに聞いておく。それを日付入りで紙に書いておけばいい。

すると、そこまでクリアなリミットの設定があれば、上司だっていくつか判断するのだから、記憶に残るだろうし、紙にも残る。

要するに、行き違いというのは、リミットを明確にしなかったことに起因する。〝ゴー〟していいかどうかしか判断していないわけで、答えが二つに一つになっている。それで、具体的にならずに

その6

責任放棄の捨てゼリフ

あいまいな部分がたくさん残ってしまうのだ。

上司としてはすべてを管理するわけにいかない。だから、例えば、**「そこまではやっていいけど、それ以上になったら連絡をしろ」**とか、**「まだ相手には言わないでおいて、これこれの時期が来たら言え」**という指示ができる上司は、相当優秀である。

それはシミュレーションができるからであって、できない上司こそ「聞いていない」というセリフが出てくるのだ。だから、それを避ける部下の自衛手段は、どこまで進めていいかのリミットを設定させることである。

もし、上司から**「なぜ、途中で確認をしなかった」**と聞かれると、部下にも思い当たる節があったりする。「めんどうだから、黙ってやっちゃえ」なんて進めてしまって、「やっぱりだめだったか」みたいなやり方をする人もいるだろう。

でも、上司の「聞いていない」はやはりまずいので、**「なぜ、途中の時点で、報告なり確認なりをしてくれなかったのか」**という言い方のほうがいいのではないだろうか。

驚いたことに、最近は部下から**「それは聞いていませんでしたから」**と言われるらしい。これを部下が言うとは、すごい、というかひどい。やっぱり「嫌われる言葉」に堂々入るでしょう。上司が言う言葉じゃないけど、部下が言うと、なおさらたちが悪い。

上司が言ったことを覚えていない、ということになるわけだから……。

その7
あんたは何様（!?）語

16

「場の空気を読んでくれよ」

と言われたぐらいで、へこむな。

自分が何か発言をしたときに、場が白けてしまった経験がないか。せっかく白熱していたときに、水をかけるようなことをしてしまったことはないか。そんなときに言われるのが、**「少しは場の空気を読んでくれよ」**というセリフだ。意外に、軽く言ってしまう言葉ではないだろうか。私もよく言いたくなる。

だが、これは、前出の「頭悪いね」に通じるものがあって、言われた人は何がいけないのかわからない。思わず「へっ」という顔になる。わからないだけに、言った当人が妙に偉そうに見えて、必要以上に卑屈になってしまう言葉かもしれない。

チーママを見習え

「場の空気を読んでくれよ」というのは、空気を吸っているだけじゃなくて、今、どういう流れで話が来ているか、その文脈をつかんで発言をしろよという意味である。つまり、ここもまた文脈力が問題になる。ところが、言われた人は、「どうせオレは場の空気を読めない人間だ」と思ってしまうだけだ。そこから「奮起しよう」という気にはならないだろう。

場の空気と言われても、あいまいでつかみどころがないものだから、自分は場の空気がつかめないタイプの人間なのだという認識があるぐらいで、だからどうしたらいいかはわからない。その点で、相手を向上させる言葉にはならないのだ。

つまり、相手に届く言葉で気づかせなくては意味がない。ここは、やはり**「話の文脈をつかんで発言をしてくれ」**と、言い換えたほうがいい。

例えば、真剣に話をしている真っ最中に、非常につまらないギャグを言ってしまうとか、あるいはいきなり話に入ってくるとか、そういう人間に、**「文脈を外すなよ」**と諭してあげよう。だいたい場の空気を読まない人というのは、加速しないで入ってくるものだ。**話に加わるときはいきなりではなく、少しエンジンを温めて、高速道路で言えば加速のレーンを走りながら、速度をみんなと合わせてから徐々に入っていくようにする。**

例えば、三人で盛り上がって話しているとする。そこにもう一人が入ってきたときに、すぐに発言し出してしまうと、やっぱり今までの話をぶった切ることになる。会議でも、場の空気の読めない人というのは、会議にいきなり入ってきた人みたいに唐突に話を切り出す。

結局、誰が今どんな気持ちでいるかを見渡していないのである。少しは、飲み屋のチーママやママさんを見習ってほしい。

彼女たちは、どのテーブルにホステスが足りないのか、誰が今、沈んだ気持ちになっているか、ちゃんとすべて見ている。ならば、そこにとりあえずカンフル剤的に一番かわいい子を入れておいて、調子が戻ってきたら、また移動させて、といった具合に空気を読み、対応する。

文脈力をつければ空気が読める

空気というのは、結局一人ひとりの心なのだ。一人ひとりが今どういう気分に陥っているか、どういう考えを持っているのかということの集積に他ならない。だから、決して全体の雰囲気ではかるものではなく、一人ひとり個別に見ていくと、自《おの》ずとつかめるものである。

確かに、即座に「むっ、空気がおかしいな」と思うときはある。だが、それは葬式のときの厳粛《げんしゅく》な空気のように、明らかにわかるものであって、普通の会議で遅れて入った途端に読めるものではないのだ。そのかわり、会議場の一人ひとりを見ていったときに、徐々にわかってくる。

特に、今注意しなければいけない人は誰かを見つけることが大事だ。会議には危なさそうな人がいるもので、例えば、過敏になっている人とか、緊張感が高まっている人とか、そういう人には気を使って発言する。これができる人は、どの場でも常にできるものだ。

例えば、誰々はもうめんどうくさくなってどっちでもいいと思っているとか、誰々は早く帰りたいと思っているだけとか、誰々はある人に対抗心を激しく燃やしているとか、そういう説明ができる。逆に、「場の空気を読め」と言われる人は、一人ひとりがどういう考えでここにいるかという説明ができない。そういう人は、今どういうふうに話が流れていて、誰がどこへ行こうとしているのかという、全員の意図を把握する練習が必要である。

その練習法として、私は大学で、ディスカッションの場を上から見下ろすメタ・ディスカッションをさせている。学生たちのやりとりを客観的に上から見て、メモをとるという練習をすると、空気というものが、一人ひとりの意思や気分が絡《から》み合ってできてくることがよくつかめる。つまり、空気が読めるようになる。すなわち、それが文脈力そのものなのだ。

社会人のセミナーでもよく行う。五、六人が座って話し合いをする。その周りに立っている人間がそのディスカッションの行方《ゆくえ》をメモする。すると、「ああ、空気を理解していない発言だよな」とか、「いきなりそう入るなよ」とか、客観的にわかってくる。私なら、「文脈力を身につけてくれよ」と言いたくなるが、目上の方たちには、**「高速道路には加速してから入ってきてください」**とでも言いましょうか。

要は、「場の空気」と言わずに、「一人ひとりが今どういう考えを持っているのかをよく見渡してから発言をしてくれ」と言えばわかってもらえるのではなかろうか。「自分一人の考えだけで、周りを見ないで言わないでくれ」と。こちらは、心のつぶやきで。

三パターン考えてからベストワンをチョイス

ここで提案だが、発言する者は、この発言をしたらどうなるかということを、あらかじめチェックしてから言う癖をつけるようにしたほうがいい。これは何を隠そう、我が家で子どもにずっと言い続けていることだ。子どもは、何にも考えないでふっと口にしてしまう。すると、誰かを激怒させたり、傷つけたりしてしまうことが多い。当人は何気なく言っただけで、それほど強い意味はなかったはずだ。それが、激しい怒りを買い、思わぬ方向に波及することもある。

だから、思いついたことをすぐに言うのをやめて、三つ言うことを考える。その中で一番いい言葉を一つ選んで言うようにする。これなら、まず大丈夫。頭の中にメモ帳をつくって、事前にメモするという習慣をつければいいと思う。

こう言おうかなと思ったときにちょっととめて、それを言ったらどうなるかと瞬間的に判断する。すると、これよりも別のことがいいかなと探す。さらに、もうちょっとないのかなと三つ考えたら、もう十分だろう。

三つ考えてベストの球を投げて、それで周りが怒ったり白けたりしたら、その人はほんとうに場の空気を読めない人である。でも、実際にそういう人はいないのだ。三つ考えたら、そんなにひどいことは言わずに済む。だから、思いつくや否《いな》や発言してしまうからいけないのであって、言った後の影響を想像したら、「これを言うと、この人はカチンとくるな」「こう言っちゃったら、みんながやる気なくすよな」なんていう言葉は、ごくりと呑み込めるのだ。

でも、もし、「場の空気を読め」と上司に言われてしまったら、「すみません、状況見えていませんでした」「すみません、文脈を外してました」と切り返すといい。そう言えば、「場の空気」のようなあいまいさではなく、状況把握が重要だと相手にわからせることができる。

「おっ、こいつはわかっているな」とか「ああ、わかってくれたならいいんだよ」という気持ちに相手がなるような言葉を返せばいいのだ。何だか、教育的かな、上司に対して。

場だの空気だのと言っても、何かわかったような、わからないような話なので、そのくらいの言葉を言われてやり合ってもしようがないわけで、相手の言わんとしていることが的確に自分には伝わっていますと相手に示すことができればいいのだ。まあ、要はそれだけの話なのだ。

17 「本質をつきつめろ」

と言うと、逆に的外れになる。

あえて「鈍《にぶ》き刀を使う」がプロのコツ?

世の中には、こだわりすぎて、力みが出すぎてしまったとき、なぜか相手が引いてしまうという現象が起こる。私の場合でいうと、本の完成度は高いのに売れないというケース。レベルが高くなりすぎたから読者が少ないのかなと思ったりもしたけれど、どうもそうではないらしい。

それは、買う側が直感的に、力みを見てとるからではないだろうか。作り手の力みに直感的な防衛本能が働くのではないか。

まるで「売り手の支配欲には従わねえぞ」と言わんばかりに、すっと引いてしまう。とりわけ中・高校生は敏感で、ある種の説教くささをぴしゃりと拒絶する。彼らの本能的な動きは、実は誰の心にもあって、そこを刺激してしまうとシャッターが下りてしまうのだ。だから、鋭すぎ、こだわりすぎが表にそのまんま出るようではだめなのだ。

『徒然草《つれづれぐさ》』の中に、「よき細工は少し鈍き刀を使ふ」という文がある。「妙観が刀はいたく立たず」という二文で成り立っているのだが、高校生のときから気になって、意識していた言葉だった。やはりよき細工というのは、少し鈍いぐらいの刀を使うのである。鋭さが表に立ってしまうというのは、まだ一流ではないのだ。

ちょっとゆるい感じやすっとぼけたものに対して、人は、気安くなれたり、カバーしてあげたくなったりして、参加する余地が生まれる。きっちりつくり上げられると自分のスペースがなくて、近寄りにくくなる。

つくり込みすぎない、力みが出ないような力加減というか、そういうゆるさがプロらしいコツといえるのではないだろうか。

あまりにも仕事ができない人には、**「きっちりやれ」**と言いたくなるけれど、ある程度できるようになったときに、今度は、自分のこだわりから少し離れる作業をするべきだと思う。

「こだわれ」と**「こだわりすぎるな」**を繰り返すわけだ。

つくっていくときにはこだわらないといけないが、人に提示するときにはこだわりすぎちゃいけないのである。すると、ふっと人が入り込める柔らかさや安心感が生まれるように思うのだが。

おいしいものからはあくも出る

ながながと何を言っているかというと、上司から若い人への間違ったアドバイスとして、こだわりや本質を求めすぎてしまうところが気になるのである。

若い人が失敗するケースのひとつに、その人の狭い世界の中でぎりぎりまで煮詰めてしまって、とんでもないものを出してくることがある。だから、経験の少ない人に、**「もっと本質をつきつめろ」**

と言うと、たいがい間違った方向に行って、的外れになってしまう。
あるいは、限りなく抽象的になって一般的に通じない。当人のこだわりの度が強すぎて、客観性を欠いてしまうからなのか。

いずれにせよ、若い人に「本質をつきつめろ」と言うのは非常に危険なことなのである。例えば、論文の指導で「本質をつきつめろ」などと言うと、大上段に振りかぶって、大きなテーマを扱うようになってしまう。

それで、そのテーマに至る前の力みがものすごくて、なかなか本題に入れなかったりもする。だから、私の場合は**「さっさと本題に入れ」**とか、**「まず一つ、二つ実際にやってみろ」**という指示のほうが多い。

第一、本質をつきつめられるような実力は、非常に高いレベルであって、経験知の低い人に本質はつきつめられないのだ。経験知の低い人が本質を求めると、抽象的になるか、もしくは自分の価値観にものすごく密着してしまう。

それで、価値観が本質だということになって、自分をひたすら掘り下げて考えてしまうものだ。

「本質をつきつめろ」に近いもので、**「ほんとうにやりたいことは何だ、言ってみろ」**という上司のセリフがある。これも同様に、的外れになりがちなケースである。だいたい、ほんとうにやりたいことをやって仕事になるなんて、そんなケースはごくまれにしかない。ほんとうにやりたいことを思う存分やったら、まったく売れない。それが現実だ。だから、これはものすごく売れた人にだけ許されるセリフである。

とにかく、「本質」という言葉は、使い方に気をつけないといけない。反対に、**「具体的に考えろ」**

と言ってあげたほうがずっと親切だ。

本質というか、自分というものにこだわりすぎて、その人の鋭さがそのまま出てしまう企画案は、使えないものだ。そこにもう一回フィルターを通す必要がある。

兼好法師《けんこうほうし》ではないが、あえて鈍き刀を使うという、これは、ビジネスの真髄《しんずい》かもしれない。それは、決して消費者をなめた感覚なのではなく、自分のこだわりにもう一回フィルターをかけ、あくをとり去ることで、よりおいしくさせるといった感覚である。

おいしいものからは、あくも出るのだ。こだわれない人間は、そもそも何も生み出せないが、こだわる人間からはうまみと一緒にあくも出てくる。そこで、あくだけをすくいとるという作業が必要になってくる。

そのときに大切なのが、しゃぶしゃぶや寄せ鍋のあくを実際にすくいとる行為をすることである。いつも人にやってもらうとわからないが、自分で経験すると、あくは出てくるもの、そのあくを捨てないとおいしくない、そういうことが自分自身へのチェック機能として身につく。

それは、結構大事なことである。具体的なイメージがあって、あくをとる大切さが理解できる。ところがあくを実際にとったことがない人、あくのとり方がよくわからない人は、その作業自体のイメージがわかない。

脳で行う作業というのは、実際に行動レベルでやったことの応用でしかないと思う。心というのは現実世界の身体とかかわって、具体的なイメージを獲得しているわけだから、心を表現するのは比喩でしかないと思うのだ。だから、**「もっと感性を磨け」**と言われても、磨くという行為をやったことがない人には磨けない。同じように、あくをとる作業も、実際にやったことのない人間には心のあくはとれないのだ。

「イメージする力」は正しく使おう

少し話はずれるが、「あく」のついでに、ホイップクリームやくず湯のように、突然固まり出す食品について、ひと言。これはおもしろいし、仕事に対するイメージづくりに役立つ食べ物だ。

何事もやりすぎてはいけなくて、ちょうどいいころ合いという時期がある。ずっと同じことをやっていると飽きてしまうが、いつか固まる瞬間が来るとわかっている人は、それに耐えられる。こだわってやっていると、すっと状況が変わるというのは、物ができていくときの一つのモデルだと思って仕事をすると、わりとうまくいくものだ。今はまだ液状だが、いつかぎゅっと固まるという確信を持って事に当たるという心がまえができる。

そうすると、新入社員はまず、くず湯をつくることから始めなくてはいけない。固まる瞬間を実感してもらわないと。

それは何てことのない現象にすぎないのだが、仕事というのは、そういうイメージを持ってやると、上達が早い。というのは、固まるイメージがある、つまり、きっとうまくいくというイメージでやっている人のほうが絶対強いからだ。

さらに話がずれてしまうが、「イメージする力」は使い方を間違えてはいけない、という話をさせてほしい。あなたの上司にいませんか。何かといえば、野球の話にたとえたり、ゴルフの話にたとえたりして、何でも比喩で説明しようとする人は。私は、自分でやたらスポーツの比喩で話をするくせに、どうもほかの人の比喩には辛口だ。なぜかというと、全然関係ない比喩を持ってきていて、「どうも外してるなあ」と思うことが多いからである。

聞いていて、**「関係ないじゃないか、それとこれは」**と言いたくなる。例えば、『孟子《もうし》』を読むと、「水は高きから低きへ流れ、低きから高きには絶対行かない。だから」という感じですべて説明する。そういうふうに言えば何か話がもっともらしくなるが、「それは単に水の話だろう」と高校生のとき思ったのだ。なぜなら、水だって水蒸気になれば高きに上がるじゃないか。別の現象を持ってくれば、まるで別の話になってしまうわけで。

つまり、自説を言わんがために、あることを例に持ってくることが、何か聞いていて、意味がないと感じることがあるのだ。

理解させるためというより、丸め込もうとしているみたいで、引いてしまう。

それに、比喩にはまると時間のロスが多い。その比喩を説明するのに時間がかかってしまって、またどんどん本筋から外れていく。比喩というのは、短く終わるといいけれど、長いと、それだけでもうだめだ。

ただし、具体例と比喩は違う。まるで違う。具体例というのは、今話していることについての一例であって、比喩は全然違う現象を持ってくる。例えば、**「サルの社会でもこうだろう、だから人間の社会も」**と言われると、**「サルかよ、オレは」**となる。要するに、そこの論理とここの論理を無理やり結びつけようとしている、その理不尽さが嫌なのだ。

18 「のぼせるな!」は、愛のお叱りと受けとめよ。

丹田呼吸《たんでんこきゅう》で気を下げて、「勝つと思うな、思えば負けよ」

「こいつ、のぼせてるなあ」って、感じるときないですか? ちやほやされてその気になっている人。実力はまだまだないのに、その気になって、仕事を甘く見ている状態の人。

あるタレントが「おれはビッグだ」と言い続けて、消えていってしまったが、その感じに近い。完全にのぼせてしまって、その状態で長く放置されると、あるところまで来たら一気に無視されてしまうという、かわいそうな事態になる。

ほんとうは、そうなる前に示唆《しさ》が欲しかったわけだ。でも、**「のぼせるな!」**という言葉じゃ、たぶん心に響かない。言われたほうは、「オレはちゃんとやってるんだ」と反発するだけだろうし、「オレが我を見失っているとでも思っているのか、心外な、失礼だ」と思うに違いないのだ。

それは、簡単に言うと自己評価が高すぎるので、それでは**「そのうちぽきっと折れちゃうよ」**と言いたいのだが、「のぼせるな」と言っても今の若い人にはわからないかもしれない。よくお風呂で〝のぼせる〟と言うが、それは血が頭に上《のぼ》ってしまって、逆立ちしたときに血が逆流して頭がもうろうとするような状態である。そういう、気が上がってしまった状態を言っていて、そんなときは、ひと息フーッとゆるく吐くと気が下がっていく。丹田呼吸でのぼせた気を下げていくのだ。呼吸法はこんなところにも使える。あたふたしたり舞い上がったりしたときに、ぜひ試してほしい。

こんなふうに、自信過剰以外にも、気が上がっている場合、例えば緊張して舞い上がっているときも「のぼせてる」と言う。だから、「のぼせるな!」と怒るのではなくて、**「もうちょっと丹田呼吸して気を下げたまえ」**とか、**「臍下丹田《せいかたんでん》に気を落ち着けたまえ」**と諭してあげればいいのだと思う。

昔、美空《みそら》ひばりも歌っていた、**「勝つと思うな、思えば負けよ」**と。『巨人の星』で星一徹《ほしいってつ》も言っていた、**「勝ってかぶとの緒を締めよ」**と。昔の人はいいことを言う。血気にはやって、**「おまえ何のぼせてんだよ」**なんて言わずに、そこはさらりと諭す。**「勝つと思うな、思えば負けよ」**と。

「未来の自分が侮辱されないように」「あんまり逆上《のぼせ》ちゃ不可《いけ》ません」

でも、今はあまり「のぼせるな」と聞かなくなった。昔風の言葉になってしまったか。夏目漱石《なつめそうせき》の『こころ』にも「のぼせちゃいけません」っていう言葉が出てくるが、これがなかなか味わい深い。自分にあまりにも夢中になっている若い書生をたしなめるように使うのだ。書生が、「学校の講義よりも先生の談話のほうが有益だ」と、思い入れが強すぎて舞い上がっている。そこを**「あんまり逆上《のぼせ》ちゃ不可《いけ》ません」**と静める。

こんな注意の仕方は、今ではまったくしなくなったが、おもしろい言い方だと思う。「あんまり」というところがいい。「逆上《のぼせ》ちゃ不可《いけ》ません」もすごい。逆上不可なのだ。だから「あんまりのぼせちゃいけません」というのは、かなりきつい言い方といえる。でも、この時代はたしなめる言葉として自然に使われていたのかもしれない。

だが、そう言われて、書生も「自分は覚めている」と言い張る。結構しつこい。で、自分を肯定してくれない先生をうらめしく思う。すると先生は、**「あなたは熱に浮かされているのです」「熱が冷めると厭《いや》になります」**と言い、その理由を、**「未来の自分に対する侮辱を受けないために、今尊敬を斥《しりぞ》けたい」**というように語る。ここがまたすごいセリフ。

夢中になってのぼせていると、冷めたときには自分を恨《うら》むようになるから、その未来の屈辱を避けるために、と先生が言う。この引き気味のスタンスが、またいい。

こんなふうに、若い人が熱に浮かされた状態になって興奮していて、それは一見元気なように思えるが、その浮き足立った状態を諭す必要があるときに、昔は**「浮き足立つな」**とか**「足元を見つめろ」**とか「のぼせちゃいけません」なんて言っていた。しかし、今は浮き足立つとか、のぼせるという身体感覚に基づいた言葉が通じにくくなってしまった。それで、**「自信過剰はよくないよ」**というような、つまんない言葉に変わってきているように思う。

まあ、のぼせている人は使いようで、**「調子に乗ってきているようだから次はこれやってもらおうか」**と次々やらせてみる人もいる。それで、失敗したら**「頭を冷やせ」**と叱る。そういえば、昔は「少し頭を冷やしてこい」と、よく言ったものだが、今はこれもあまり使わない。またしても、身体感覚系言葉の喪失危機である。

今風に言えば**「クールダウンの期間を設けたらどうだ」**となるのか。「頭冷やせ」のほうが、我が身に響いてわかりやすいのだが。

いずれにしても、若い人というのはどうしても熱くなりがちで、それはよさでもあるけれど、浮き足立つと「木を見て森を見ず」というようなことになってしまう。

そういうときには、「あんまりのぼせちゃいけません」とクラシカルにたしなめることにしよう。『こころ』の先生もそう言っていることだし。

その上1

それは客に言ってはいけません

「社内的に……」は社外的に通用しない。

最近、どうも増えている、気がする。それは、客に対して言ってはいけない言葉を聞く回数だ。

顧客への言葉、態度というものが、特に変化してきているように思うのは私だけか。無責任といおうか失礼といおうか、「それが客に対する態度か」と腹が立つ。そして、「昔ならそんな言い方しなかったよな」とつぶやいてしまうのだ。最近はバイト感覚で働く人が増えたせいか、上の人間がきちんと教えなくなったせいかはわからないが、どうも目障り・耳障りだ。

例えば、先日も、仕事を依頼されて「今、あいにく忙しいもので」とお断りすると、**「こっちも忙しいんだ」**と言われたと、知り合いが怒っていた。顧客関係ではないが、こんな売り言葉に買い言葉のようなセリフは、やはり言ってはいけないマナーだと思う。自分のほうの事情をわかってほしいという気持ちは、人情としては理解できるのだが、それをダイレクトに口に出して言われると、相手が反発してしまうという種類の言葉である。この手の似たような言葉はいくつもある。

例えば、社内の事情でと言いたいのだろうが、**「社内的にいろいろまずいものですから」**なんて言われると、「社内的にまずいんだったら、そっちで処理してくれ」と言いたくなる。**社内の問題をこちらに持ち込むのは、違反行為ではないか。「社内的に」という言葉は結構カチンとくるものだ。社内の問題は、本来相手には関係がないという基本を知ろう。**

"余計な仕事を増やしたくない"感が、みえみえです

その類だと思うが、**「責任者がいませんので」**という言い方も非常に多い。例えば、不動産屋に電話をかけて、**「担当の者がいないのでわかりません」**と言われ、電話もかかってこないと「あの物件はまだ間に合うのか」と心配になってくる。

これは、社内のシステム的な問題も含むのだけれども、外部の人間からすると、とりあえず誰か何か答えてくれと思う。

詳しい情報は担当者しかわからないかもしれないが、その物件があるかないかぐらいはわかるだろう、とカッとなる。会社の業務分担の問題もあるかもしれないが、往々にして「自分は余計な仕事を引き受けたくない」という感じが出ていて、もうこの会社に頼むのはやめようという気持ちになってくる。

いい会社というのは、担当者でない誰かに頼んだとき、それがきっちりと担当者にすぐに携帯電話で伝わって、その担当者から折り返し電話がかかってくるものだ。それが**「今不在です」**で終わってしまうと、らちがあかない。

私は、**スピードがビジネスの一番重要なファクターで、顧客のストレスに重大な影響を及ぼすと思っている。**これはビジネスに限らないが、ここまでなら待てるが、そこを超えたら怒り出すという

ボーダーラインがあるものだ。その時間感覚を無視した言い方をされると、顧客側としては非常にストレスがたまってくる。

要するに、社内的にどうあれ、電話をとった以上、その時点でその人が対外的な窓口になっているわけだから、「自分は知らない、わからない」という言い方は通用しないのである。

その人が答える努力を怠っただけで、この会社はだめだなと思われる。

社会人なら、わからないなりの答えがあるはずで、例えば、自分は担当ではないが、ここまではわかるという範囲で答えたうえで、これ以上は担当でないとわかりません、と言う。そうすれば、相手も納得するだろう。

予測できることは言っておいてくれ

説明が不十分で不具合が起きたときに、「**それは、お客さんがお尋ねにならなかったので説明しなかったんです**」と言われることがある。

それは、もっともなのだけれど、売る側には説明責任があるわけで、「聞かれなければ全部説明しないのか」と、思わず客はムッとする。

もっと別の言い方があるだろう。

商売というものは、たいがい人間関係が良好なうえで成り立つもので、その関係がささくれだっていると、「自分は絶対にミスをおかさない。いつもそっちに責任がある」というふうに、トラブルの原因やミスを押しつけてくる人がいる。店側が**「お客さんの使い方が悪いから」**と言ってしまうと、人間関係がさくれだって、かえってトラブルがひどくなり、ついには訴訟ということにもなりかねない。

人間というのは、人間関係が大丈夫だったら、少々のミスは見逃したり、許容したりできるものだ。一つのミスだったら、ミスはミスとして単純にクリアすればいい。それが、そのときのひと言でカッとなって、火に油を注ぐことになる。

だから、小さなトラブルも、感情のもつれがエスカレートして、もう絶対に許さん状態にまで行き着く可能性はあるのだ。

説明責任という点で、もう一つ気になるのが、**「それならそうと前もって言っておいてくれれば」**という言い方である。私には、ちょっとひっかかる。

売る側には常にプロとしての説明責任があるし、いろいろなケースを扱ってきているわけだから、その経験知の蓄積において、さまざまな予測がたてられるはずだ。

いろんな客がいて、いろんなトラブルがあって、その経験知が蓄積されていれば、前もって言わなくてもそういうような要求はあるだろうなと予測できるし、またそのぐらいの予測はしてくれ、と客としては思うだろう。だから、「それならそうと」と言われると、この人、あるいはこの会社は経験知が蓄積されていないと見限ってしまうのだ。

めんどうだから聞いているのに

以前、複雑な家電の操作をお客様相談室に問い合わせたら、**「マニュアルに書いてあります。よくお読みになってください」**と言われてしまった。「いや、それはそうだが、マニュアルの読み方がよくわからないから電話しているんじゃないか」と、また腹を立てた。「あんな細かいマニュアル、全部読んでる暇はないんだ」と言ってやりたくなる。

だいたい、マニュアルとか説明書を読むというのは一定レベルの能力が必要なのである。読んでわかるレベルの人と、そうでない人が世の中にはいるのであって、そうでない人間はそれを買ってはいけないのか、使ってはいけないのか、と絡みたくなる。確かに説明書に書いてはあるのだろうが、それがうまく見つけられないから電話しているのであって、お客様相談室と言いながら、そういう言い方はないんじゃないか。

読めばわかるからと言えば、法律的にはそれで済むのかもしれないけれども、人と人のやりとりとして納得できない。最初に言わなくても、後でつけ足す人もいる。これはどうなっているのと聞いたら、ひと言答えたうえで**「説明書に書いてあるでしょう」**と加える。これも嫌な感じだ。不愉快になるので、「書いてあるでしょう」は言わないでいただきたい。

ついでに、**「素人があまりいじらないでください」**もやめてほしい。ステレオを買ったその日に壊してしまって……。確かに配線を間違えて、「ドン！」といきなり煙が上がってしまって、そりゃあ確かに私が悪いのだけれど、「素人が」と言われると、わかっていても腹が立つ。

異動を言い訳にしてはいけません

経験知の蓄積といえば、引き継ぎのときにもよく問題となる。例えば、**「最近、異動があって担当の者が全然連絡つかないんで」**というのが結構あって、困るのだ。部署が変わったら連絡がつかないなんて……。しかもそういう会社ほど異動が激しい。それはトラブルから逃げたいからなのか。週刊誌だとありがちなことで、あんまりトラブルがあると、編集長が交代してしまって、苦情を言う場がなくなるというケース。

異動を言い訳に使っているわけだが、社外的には言い訳にはならない。それは、単に引き継ぎが不十分だということにしかならないのだ。

引き継ぎというのは、業務の段取りを教えることだと思われているが、それは間違いだ。というか、業務の段取りを覚えるのは当然のことで、それ以上に顧客情報を移動させることが重要なのである。顧客にはおびただしい情報があって、例えば、編集者だったら担当の作家に関する膨大な経験知を移動させなくてはいけない。それが非常に難しい。

すべての顧客情報や経験知を移動させるというのは無理でも、最低限押さえなくてはいけないポイントとか、過去におかしたミスの原因と対策とか、それだけでも引き継いでくれていたら、それまでのやりとりがむだにはなっていない、つながっていると思える。**社内の連絡引き継ぎが密に行われている会社というのは、会社全体とつき合っている感じがして安心感が持てるのだ。**

私の場合、担当者一人とつき合うことで、会社全体とつき合っているような気になっている。その印象は、異動のときにはっきりするもので、**「その辺のことは、何々さんからよく聞いていますので」**と言われると、この会社はとても家族的なコミュニケーションがとれている会社だな、といい感じを持つ。

愛想が悪いのは仕事をサボっているからだ

それは、小さいお店でも同じで、「齋藤さんですね、何々から聞いています」と言われると、すごく私の反応がよくなる。チームとして機能していて、だれにボールを渡してもちゃんとゴールに届くようになっている。そんな店を知っているが、そこの店長はやはりすぐれ者だ。ちょっと通りかかっただけでも、「あっ、こんにちは」と愛想よく挨拶をする。買っても買わなくても愛想がいいと、つい買ってしまうわけで。

デパートなんか特にそうだが、私は、店員の愛想の悪いところでは絶対に買わない。買いたいと思っていたものが見つかっても、ここでは絶対意地でも買わんぞ、となる。

店員の愛想が悪いというのは致命的な欠陥なのだ。それは、接客業で愛想が悪いというのは、すでに仕事をサボっていることになるからだ。

例えば、欲しいものが店にないとする。客としては、ないにしても、ないなりの情報が欲しいわけだ、せっかく来たからには。いつなら入荷するのか、もう絶対に入らないものなのか、色違いならあるのか、何か情報が欲しい。それを**「今、ないんですけど」**で終わる。無愛想で調べようともしない。だいたい、だめな店員というのはこのパターンだ。「今、ないです」の中にも、いろいろな種類があるだろう、と言いたくなる。

「今、ないです」は禁句なのだ。「ない」と言えば、そこで終わった気になるので、バイトの人は安易に使ってしまうのかもしれない。しょせん時給だから、自分には被害が出ないので。ところが、店長クラスになると売り上げの全責任を負っている立場上、「今、ないです」とだけ言う人はまずいない。でも、バイトはお気楽に言ってしまうし、もっとひどいのになると、**「その辺にあると思いますけど、そこになければないです」**となる。「うーん、そうか、客に探せということだな」と唸《うな》る。探すめんどうを省くために聞いているというのに。

本屋では、そういう傾向が急激に顕著になった。最近の店員はろくに探しもしないで、**「それは今、在庫切らしてます」**と、すぐに言う。小さい店のくせに、どこにあるかがわからないのだ。

かつては、「それならこちらにあります」と、さっと案内してくれて、店員はどの本がどこにあるか、しっかり把握していた。在庫が切れていれば、**「すみません、お取り寄せいたしますか」**と聞いてくれた。それが今は、どこもバイト感覚で麻痺《まひ》しているように見える。しかし、少なくとも「あの辺になければないです」という言い方だけはやめたほうがいい。やめてくれ。

漠然と聞いてはいけません PART1

最近は、タクシーに乗っても、何となく腹立たしくなることが多い。運転手が、まず**「どういうふうに行きましょうか」**と聞いてくるのが嫌だ。プロなんだから一番速く走れる道を通ってくれよ、道を知らないのか、と思う。

今のタクシーの多くは、カーナビがついてなくて、普通車以下の機能である。しかも運転手が道を知らないことが結構多い。そんな状況で、どういうふうに行きましょうかといきなり聞かれると、だめな車に乗っちゃったなと絶望感でいっぱいになってしまうのだ。

なかには、道を知らないわけではないのに、親切心でそう聞く人もいる。顧客というのは自分の知っている道が近道だと思っているから、その道以外だと遠回りと感じる。それで、親切心でいつも通るルートはどれでしょうかと聞いているのだろうが、そういうときは選択肢を出してほしい。

例えば、**「Aのルートと、Bのルートがあります。今の時間帯だとAのほうがすいていると思いますが、どうでしょうか」**と言われると、速く走れる確率の高い道を選ぶとか、どっちでもいいやとか、答えられる。結局、答えは「早く着くコースで行ってくれ」なのだが、そうしたやりとりは愉快なことではない。

たとえ答えが一緒だったとしても、知らないからどう行ったらいいかを客に聞くのとは、また別問題だ。**漠然と聞かれて答えなければいけないというのが、疲れる。損をした感じがする。自分の能力よりも低く見積もられる人がいるけれど、こういう漠然とした質問をするとそう感じさせる。そのひと言でだめだな、この人は、と思ってしまう。**

漠然と聞いてはいけません PART2

例えば、打ち合わせのときに、**「どうしましょうか」**とか、**「何から始めましょうか」**と言われると、うーんと唸ってしまう。何からでもいいのだけど、どうして考えておかないのかな、と。大まかな段取りぐらい組んでおかなきゃ、何でがん首そろえてここにいるかわからないでしょ。

友達同士だったら「今日、どうしようか」とか、「次、何やる？」とか、そういうことがコミュニケーションになる。それによって膨《ふく》らみも出るし、ゆるやかさ、あいまいさがあるおかげで相手もリラックスするし、後の展開も自由自在になってくる。それは迷っている時間さえも、友人同士だったら結構楽しみだからなのだ。

ところが、仕事上のつき合いとなると、そんなことは言っていられない。根本的に違うのだ。**仕事をしている人はみんな忙しくて、時間を奪い合っているということがビジネスの基本だから。**

ビジネスでは時間がお金と直結しているが、友人や家族は、そういうのとはまるで関係のないところで成り立っているところがよさである。だから、漠然とした質問が許されるし、むしろそういうむだがいいわけだ。

しかし、ビジネスの場合、「どうしましょうか」という、その種の漠然とした質問というのは、無能さというものを必要以上に際立《きわだ》たせてしまうことになる。

「注文されました?」と客を疑ってはいけません

どうでもいいが、最近は、レストランで注文が通らない。七、八個頼んだら一個は落ちてくると、最近は覚悟している。落としそうなウエイター、ウエイトレスは、何となくわかるものだ。なかには、メモまでとって落とす人もいて、メモする意味がないだろうと突っ込みたくなる。

ファミリーレストランなどでは、ウエイター、ウエイトレスから厨房《ちゅうぼう》へという伝言ゲームがある。そのときに落ちてしまうのか、ウエイターやウエイトレスのせいなのかは定かではないが、いずれにしても、注文した品がテーブルに出てないことに気がつかなければいけない。**「何々はまだ出ていませんね」**と。

それが、注文を聞くときも、出てきたものを運ぶときも、ただ機械的にやっているから、テーブルに並んだものとの照合ができない。

サービスする側は「サラダがまだ出てないな」とか、「スープがこの時間帯に出ていないのはおかしい」とか思わなければいけないのだ。それは、注文された品を覚えて、目を配っていればわかることである。一番ひどいのは、注文したのに聞いてなかったという感じの雰囲気。**「えっ、そうでしたか？注文されました？」**なんて言われると、もう帰りたくなってしまう。

そこに、プロのプライドはあるのか

新入社員で、**「まだ慣れてないものですから」**と言う人がいるが、これって、やっぱり禁句ではないか。**「自分はプロではありません」**と堂々と宣伝しているようなもの。昔はプロでないことを名乗るのは恥だったわけで……。

かつて、職人気質《かたぎ》という言葉が生きていた。「気質」と書いて「かたぎ」と読む、「きしつ」ではなく。その気質というプロのプライドの持ち方があったのだ。

それは自分の領分に関しては、絶対言い訳しないできちんとやる。そこに誇りを持っている。そのかわり、その領域は自分のやり方でやらせてもらうという、うるささも持ち合わせている。口下手で頑固者。でも、頼まれた仕事はきっちりやるという倫理観と信頼が職人気質の人にはあった。

それは生き方の美意識である。

職人気質というのはそういうものだ。

それがプロであることの誇りだとすると、八〇年代以降は、素人であることがよしとされるようになってしまった。水商売なんか特にそうで、プロより素人のほうが価値が高いという時代に入って、テレビにも素人がたくさん出るようになった。そうなると、社会全体が素人でいいのだということになってきて、イラストレーターは絵なんか下手でいい、歌手も歌のうまい下手はもう問題じゃなくなってしまった。もはや、プロであることに意味はないかのように。

おニャン子クラブとかモーニング娘。とか、誰もプロだなんて思っちゃいない。逆に、その素人っぽさがいいと思われている。

それは芸能界では別に構やしないことで、そういうところではそれが新鮮さになるからいいけれど、ビジネスの世界で素人っぽさを出して、かわいげを売ろうとしても、それは無理がある。新鮮さというのはそういうことではないのだ。

ビジネスにおける新鮮さは、やる気があふれているということで見せるべきで、慣れていないということで見せるものでは決してないのである。

技がないなら、汗をかけ

新人のよさというものがある。新人は、楽をする、手を抜くということをまだ知らない。そこが、よさなのだ。あまり旧弊や古い慣習にとらわれず、言われたことに誠実に向き合う。効率はよくないが、必要以上に、過剰にサービスしてくれる面があると、「ああ、この人は新人だけれども、一生懸命やっている」という評価になるわけだ。

そういう人は、例えばミスをして謝るときも、何かあたふたしてしまって、謝り方が過剰になる。それはそれで初々《ういうい》しい印象を与えるが、そういう過剰なエネルギーの放出が、新人には必要なものなのだ。それが技術の未熟さを補うからであって、未熟で愛想まで悪かったら、もう救いようがない。**「新人のくせに、エネルギーの出し惜しみをするな」**と言いたくなる。

少なくとも、特に新人はエネルギーの出し惜しみだけはしないという強い覚悟を持つべきだ。でないと、自分が疲れるので嫌だという感じが、言葉の裏からにじみ出てしまう。

疲れるのが嫌だから、それを別の言い方に換えているケースが多くて、聞くほうは大変聞き苦しい。そういう言葉を聞くと、「疲れることがそんなに嫌なことか」とうんざりするのだ。人間、そうそう疲れ切るほど働けないものだ。もうさんざん疲れたと言っていながら、合コンに行き、クラブにも行くと、エネルギー自体は残っている。そのエネルギーを出し惜しむ感じが見えると、相手に腹を立てさせることになる。だから、疲れることを恐れず、むしろ求めるようにしたほうがいいと思う。

松下幸之助《まつしたこうのすけ》が言っていたではないか。「まず知恵を出せ、知恵なき者は汗をかけ、それができない者は去れ」というようなセリフを。技がないなら、せめて汗をかこう。

その上2 かわいげのない部下

部下はドタキャンするな

嫌われる上司の言葉が山ほどあるように、部下にもビジネスの場で言ってはいけない言葉がかなりある。それを知ってか知らずか、平気で口にしている場面に遭遇する。

例えば、遅刻の言い訳。**「朝、弱いものですから」**とか**「家が遠いから」**と言われたら、「それがどうした」という気持ちになる。

仕事先で「朝が苦手」と言っても、同情してくれる人はまずいない。

それから、これは私自身もやってしまうが、遅刻しそうなときに、「あと十分で着きますので」と言って、十五分かかることがある。それは誠実にできるだけ早く着きたいという気持ちをその分数に込めてしまったのだけれど、結果的に二度遅刻になる。

これはビジネスマンとしては危険な行為だ。やはり余裕を持って相手に伝え、それより早く着くほうがいい。そして、遅れる理由も言うべきだろう。理由を言うのと言わないのとでは、待たせる相手のストレスの度合いがかなり違うらしい。

それから、部下がやってはいけないのが、ドタキャン。**「ドタキャンするな」**は我が家の家訓にしているぐらいで、やられるとすごく腹が立つ。ドタキャン癖の人っているのだ。どうしてもという場面でなくても軽い気持ちでキャンセルしてしまう人。

ひどいのは、最初からドタキャンする気で約束している人。簡単に、**「いや、急用ができちゃったんで」**とか、**「いや、別件で」**とか、使う人は平気で使うから、びっくりする。そういうことをする人は、しょっちゅうするし、しない人は全然しない。だから、癖になっているのではないだろうか。その癖は今すぐやめよう。

社内から言い訳癖を一掃させる

これは、言葉以前の問題だが、**「どうしてもできない事情ができまして」**ふうな言い訳癖が身についてしまっている人は、それが現実的な意識を甘くさせているように思う。何でも、**「まあいいか、いいか」**で済ませてしまう、心の弱いタイプ。そんな人間は、狂言師・和泉元彌《いずみもとや》のように、ヘリコプターを飛ばしてでもダブルブッキングをカバーする、あの根性が必要であろう。身銭を切って、誠意を見せなくてはいけない。

例えば、急いで遠いところからタクシーを飛ばして来たとなると、それが一時間遅れであっても、誠意は通じる。それがヘリコプターを飛ばして来たとなれば、もはやダブルブッキングでも許したくなるじゃないか。すばらしい。

ドタキャン癖の人は、対外的にも言い訳が多い。その言い訳癖をやめなければ、どんどん信用をなくしてしまう。だから、自分の中の言い訳癖の芽を、つまり言い訳のパターンを書き出して、第三者にもチェックしてもらうようにするといい。身に覚えのある人は、みんなその紙を書いて社内に張り出し、その人がそれを言わないように全員でチェックしあうのだ。

一人ひとりが張り出すと、「社内で言っちゃいけない口癖集」ができて、仕事場の雰囲気がすごくよくなると思う。

火に油を注ぐ言い訳はやめよう

部下にミスを指摘したとき、**「それはわかってます」**と言われたら、私ならぶち切れる。**「わかってるなら間違えるな!」**と、怒りの火に油を注ぐことになる。実は、勉強を教えていた我が子にこれを言われると、ついカーッとなる。

私は自分の子どもに教えるのはまったく向いていないらしい。怒るとつい説教になり、おかげで家では〝説教野郎〟と言われている。説教ばかりで全然、具体的に勉強を教えないから、一家で「こいつは使い物にならん」と烙印《らくいん》を押されてしまった。しかし、私が激怒するのは内容ではなく、子どもの言葉遣いなのだ。

同じ計算ミスを叱ると、**「だから、これはこうなるってわかってた」**と言う。**「わかってたけれども、間違えた」**みたいに言うので、つい**「間違えたというのはわかってないということだ」**と言い返す。それで、「そもそもわかっているという言い方がな……」というふうに説教に入ってしまって、そこからなかなか戻ってこられない。全然勉強が進まない。

もともと「教える」ということは得意なのだ。塾ではちゃんとやっている。ところが、自分の子どもとなると、カッとなってしまうのだ。

しかし、そんな私にも我が子に教えるのが得意なことがある。スポーツを教えるのは、我ながらうまい。それは子どもも認めてくれている。それはどうしてか。なぜなら、スポーツの場合は、「わかっている」という言い訳が存在しないからだ。

スポーツの場合は、できるできないが明白である。それがはっきりしていて、できなければ、それはわかってないということになるのだ。

言い訳無用。だから、スポーツを教えているときは口答えが少ない。課題が非常にクリアなので、できないならこうしてみよう、と合理的にステップアップをはかれる。すると、何でこんなに教えるのがうまいのだと思うほど、息子にも上手に教えられるのだ。

やはり、「わかってます」は火に油系の口答えであって、私でなくてもカッとなるセリフだろう。売り言葉に買い言葉のように使ってしまいやすいので、注意してほしい。

「とりあえず」と問題を先送りにしない

口答えしない、言い訳しない、とにかくやる。そんな部下がいたら、きっとかわいがられる。逆に、やる前に**「それをやってどうなるんですか」**と言う部下には、めまいがしそうだ。

「やるとどうなるのか」と聞かれた上司は、「いいからやって」という心境だと思う。言うだけ疲れるので、**「頼むからやっちゃってくれ」**という感じ。なかには、やる前にいろいろ聞いて始めない人もいる。それを見ていると、「ああ、だめか」と見限りたくなる。それをやらない理由を見つけているのかと、思ってしまうからだ。

　やらない理由を見つけているように思われる言葉遣いには気をつけたほうがいい。例えば、**「諸般の事情がありまして」**という言い方。これは一見社会人らしいのだが、何となく不愉快な感じを与えてしまう。「大人っぽい言葉を使ってつべこべ言うな」と突っ込みをいれたくなる言い方である。

　言い訳癖も困るが、**「とりあえず」「ひとまず」**をすぐ使う癖も、ちょっと困る。**「とりあえずそういうことで、まあ、よろしくお願いします」**といった具合に最後をまとめられると、「それって、いきなり最後に来て責任者は私ですか？」と、不安にさせる。それは、飲み屋で最後にお勘定《かんじょう》を払うのはどっちか、というのとちょっと似ている。**さんざん話してきて、課題はわかったが、その汚れ仕事を誰がやるか決めないでいて、「ということで、まあ、よろしくお願いします」と逃げてしまうやつは、払いを済ませないで先に帰っちゃうやつと同じじゃないか。**

　この種のまとめぶりはやめてほしいのだ。「ひとまず」や「とりあえず」もどうもいけない。新人とか若い部下が、「とりあえず」と言うと、「ああ、格好決まってない」と感じる。「とりあえずじゃないんだよ、これが最終地点だと、どうして言えないかな」と言いたくなるのだ。

「あー」ではなく、「そうですね」と言ってくれ

放送業界の人から聞いた話では、**「あー」**と受け答えする新人がすごく多いのだという。何を言っても「あー、あー」。そのうなずきが実に不愉快な感じを与えるらしい。受け答えが、**「なるほど」**とか**「そうですね」**とか言うのではなく、上向いて口開けて「あー、あー」と言うだけ。「オレはおまえの友達じゃない！」って叫びたくなると言う。それが、かなりの頻度でやられるので、非常に嫌がっていた。

それを聞いて周囲を見渡してみたら、相づちをしっかり打てる若い人は、やはり少ない気がする。目を見て「なるほど」としっかり相づちができる人は、考え方もしっかりしている。

時々**「おっしゃるとおりです」**と言い続ける人がいるが、これは社会人ずれしていて、あまりいい気はしない。「おっしゃるとおりです」と言われると、何か褒められてるんだか、ばかにされてるんだか、ちょっと微妙な感じ。これをやられると、シューッと気が抜けていくようである。**これよりは、「さすがですね」と言われたほうがまだいい。「いや、さすがですね」と言うと、心の中でばかにしている場合もあるが、言われたほうは案外気分がよくなったりする。**

返答に困るとき、例えば、客が自慢話を延々としていて言うことがなくなっちゃったときとかに、「いや、さすがですね」と促《うなが》すのに使える。「さすがですね」はわりと使いでがあるいい言葉である。

ビジネスに「今度」はない

日常用語でよく使う言葉も、ビジネスの世界では使ってはいけないものがたくさんある。**「今度やっておきます」**という言い方もその一つ。「今度」というのが、ビジネスシーンでは、本来使えない言葉だと思うのだ。

ビジネスの場で「今度、飲みに行きましょう」というのは、とりあえずその機会はないということに使う。だから、「今度やっておきます」と言われると、やる気がないなと受け取られる。仕事場での「今度」はないと思ったほうがいい。

以前、キレ者のビジネスマンと会ったとき、その人には「今度」とか**「そのうち」**という観点がないことに驚いた。次の予定を決めないと離してくれない。いつ、いつと聞かれてどんどん予定が早くなる。愉快ではないが、仕事は進む。そのうちじゃなくて、今度じゃなくてと言われて、じゃあいついつと、予定を三つ、四つ候補を挙げられて、その一番早いところに設定されていく。こういう癖をつけておくと、早め、早めに仕事が回るなと感心してしまった。

社会人なら、やっぱり前倒しでしょう

これは余談だが、自分の塾、「齋藤メソッド」で小学生を教えていて、子どもたちに親から言われている言葉を聞いてみたことがある。「宿題をやれ」とか、「早く起きろ」とか、いろいろあるのだが、その中で**「前倒しでやれ」**と父親に言われている子どもがいて、すごく受けた。子どもに言う言葉じゃない、お仕事用語だから。でも、個人的にいたく気に入って、クラス全員百人ぐらいの子どもに「前倒しでやれ」という言葉を書かせてしまった。いい言葉だ、社会人らしい。それを子どもに要求するお父さん、あなたは立派だ。

私には、仕事がうまくいく原則が二つある。その一、来た仕事は断らない。その二、前倒しでやる。この二つを守ると、仕事はどんどん増え続ける。当たり前じゃないかと言われるかもしれないが、とにかく、この二つをずっと守ってきた。例えば、出版時期が九月でも十二月でもいいものだったら、九月に出してしまう。その九月から十二月までの三ヵ月間というのは、同じ三ヵ月間ではない。仕事をした後の三ヵ月間と、ため込んでいる三ヵ月間。ため込んでいる場合、事態は変わらないが、出した後は、その関連の仕事がまた来たりする。

仕事はすればするほどやって来るもので、仕事をバリバリしている人には仕事が集まる。予定があったら前を選ぶ、期限前に出してしまう。つまり、前倒しでやる。そして来た仕事は細かい仕事

でも断らないようにしていくと、先につながっていく。例えば、なぜか民放のBSに出演したときのこと。民放のBSは視聴者が非常に少なくて、あまり意味がないなと思いながら引き受けてしまったのだが、はじめからそんなふうに考えて仕事を断ってしまうのはいけない。というのも、私も知らなかったのだが、BSの仕事をしているプロデューサー、ディレクターは地上波の番組の仕事もしていて、BSでいい仕事ができると、互いに「またやりたいね」となっていく。もう仕事は増えなくていいけれど、そうやって仕事の幅が拡がっていくことはいいことだと思う。

その上3 部下を育てられる上司

「とにかく結果」vs.「プロセス大事」

　これまで上司・部下の関係を険悪にしてしまうセリフを連ねてきたが、それはたまたま口に出てしまったというケースも多く、その言葉を言った上司が根っからの嫌なやつというわけではない。むしろ、心の中では部下をどう生かそうか、どう育てたらいいか、悶々《もんもん》としている上司のほうが多いのではないだろうか。

　そういう上司は、「嫌われる言葉」を認識しておくことと同じくらい、部下を育てるための言葉を持っていることも大事だと思う。部下をステップアップさせるポジティブな言葉、それは、方向性として二つのタイプに分けられる。つまり、上司の人材育成のやり方が、大きく二つのタイプに分けられるということだ。

　それは、とにかく結果を出すことを求める上司と、結果よりプロセスを重視する対話型の上司である。

　結果を出せという成果主義を私は悪いとは思っていない。**とにかく結果を出せという一点で言い続けることが、むしろさわやかさを生むという面もある。「やり方はおまえに任せる、細かいことは言わん、だから結果を出せ」という言葉は、使い慣れてくると、相手にしみ込んできて、いい効果を持つことも多い。**

普通は、むしろ、それは禁句だ、と考える人も多い。「そういうふうに言われたって、もっと具体的にアドバイスしろ」とか、「チームなのだから、相談を受けてほしい」とか、そう言う人もいるだろう。でも、とにかく結果で示せと言い続けられることで、言い訳をしなくなるといういい教育が行われるのも事実である。

「途中いろいろあるだろうが、トラブルというものは仕事の中に織り込み済みで、そのことについてあれこれ報告しなくてもいい。とにかく結果を出してくれれば、その中間がどんなにサボっていても別に構わない」と言われ続けたら、言い訳ができない。

できなければ、できるやつの技を盗め

これは、子どもの教育にも効く。例えば、子どもが漫画ばっかり読んでいるように見えても、結果を出しているうちは何も言わない。寝てばっかりいても、結果を出している人間にとっては休養となるが、結果を出していない人間が寝ていると、それはサボっていることに他ならない。だから、結果を出せなくなったら、がんがん言われることになる。

今、世の中で一番多いのは〝言い訳野郎〟である。私が塾で教えていても、何かというとできないと言い出す。しかもやってみてからではなく、やる前に**「無理」「できるわけないから」**と言い訳する。なかには、できない理由を限りなく挙げていく子もいて、そうなると、「とにかく結果を出せ」と迫る

しかない。その理由の一つ一つにアドバイスする必要はないと思えるからだ。

アドバイスは、ただ「わからなければ技を盗め」だ。きっちりできる人の技を盗めれば、たいがいのことはクリアできる。技を盗む訓練、それで結果を出すという二点を学べば、だいたい何とかなるものである。

だから、毎回違うことを言うのではなくて、あの人に対しては結果を出さなきゃいけないということがわかると、途中でぐじゅぐじゅ言い訳しても通用しないということが教育される。すると、戦うチームとしてのシビアな雰囲気も出てくるのだ。

結果次第という覚悟を持たせる

結果を出せというやり方で、もし結果が出なかったとき、次の課題が変わってくる。結果が出た人にはよりレベルの高い、いい仕事が回ってくる。結果が出なかった人には悪い仕事が回ってくる。悪い仕事というのは向上性のない、社内でのステップアップにつながらない仕事である。

仕事の質というのは、大変とか、疲れるとかという観点ではなく、社内のステップアップにつながるかどうかの違いが大きい。だから、ステップアップしていく質の仕事をさせてもらっているときには、大変でもがんばれる。

それができるかどうか、チャンスを生かすも殺すもおまえ次第という、いささかおどし的だが、上司はそうやって気合を入れるのだ。

もしだめだったら、格下の仕事へ。これはスポーツの世界では当たり前のことだ。試合に出たときに結果を出すとレギュラーと入れ替わることができ、あるいは、結果を出しているからレギュラーでいられる。そういう覚悟が仕事の質にかなり影響してくるものだ。

だから、覚悟をつけるという意味では、成果主義とプロセスを重視するやり方は、対極的である。これは、上司の教育スタイルによるものだ。

また、結果が出せるということは、上司のミッションの出し方がうまいと言える。はじめから結果が出ないようなミッションを与えてしまうと、全員がつぶれてしまう。だから、結果が上手に出るようなハードルを設定する、課題設定能力が高いということになる。

上司は、素質に合ったミッションを作成せよ

ステップアップという点で、**「おまえは素質がない」**とか、**「あの仕事はあなたに合ってないいんじゃないか」**という、素質の問題に還元してしまう上司の言い方というのは、基本的にはファールだと思う。そんなことを言われたら、「素質がないのなら、はじめから採用するなよ」と逆ギレするのもわからないではない。素質の問題は基本的にあっても、上司はそれを見抜いたうえで課題設定をしないといけない。

ミッションというものは使命感のある仕事ということだが、それがあるとすごくやる気になる。私は、これからはミッションの時代だと思っている。宗教なきこの日本に唯一やる気を出させるのは、やりがいのある期限つき条件つきのミッションだと思うのだ。

このミッション、具体的な指示が必要だ。『スパイ大作戦』のように結果を出させるために、いついつまでにこれをやれと言って、指示出しの当人の声は消滅していく。そういうのが一番気楽でいい。

だから、上司は、素質を云々《うんぬん》するのではなくて、その人間に合っているミッションを考え出すのが仕事なのである。

つまり、「素質がない」と言う上司は、自分の仕事がわかってない。

上司というのは、その人をよりステップアップさせるミッションを考える、ミッション作成局長でなくてはいけないわけだから。

上司は、ほかの仕事ができなくたってミッションづくりがうまければいいのであって、必ずしも高い給料をもらう必要はない。

プロスポーツの世界では、選手より給料の安い監督はいくらでもいる。もし営業でバリバリ売る人がいて、その人で会社がもっているとすれば、それを統括しているマネジメントも一つの職種にすぎないのだから、マネジメントをしている人間が営業マンより給料が高い必要はないのである。

今の日本はマネジメントをしている人の給料が高いので、みんなマネージャーになりたがる。それで、第一線でバリバリ結果を出して、会社に一番貢献をしている人が第一線から退《しりぞ》き、上の仕事につく。そっちのほうが待遇がいいから。

すると、会社は中間管理職ばっかりになって、仕事がはかどらない。仕事のできる人間ほど第一線から抜けていくので当然そうなる。

もし、特ダネをとってくるのがうまい新聞記者が、デスクになると、取材に行かないで人の原稿を直すようになる。

でも考えてみると、人の原稿を直すのに向いている人間はまた別にいるはずだ。そういう人間が会社を支えているのではなく、やはりスクープをモノにする人間、記事を書く人間が支えているわけで、そこに一番優秀でやる気のある人材を配置すればいい。

マネジメントも職種の一つであって、たとえプレーヤーよりも給料が低かったとしても、マネージャーにはマネージャーの権限が厳然とあるものだ。そう考えると、日本ではまだマネジメントという仕事そのものが認識されていないように思う。

成果主義とプロセス主義を混ぜると最悪

ここで、やっと、もう一つの対話型の上司について述べよう。この上司は、プロセスの質を見ていくタイプである。結果が出ていても途中をおろそかにしていたら、いつかはぼろが出るという考え方だ。

そこで、途中をしっかりやってあった場合には、結果として失敗してもそれはいたし方ない、そのフォローは上司である自分が引き受けようというスタンスである。

プロセスが大事だと言い続ければ、部下は途中の段階をおろそかにしなくなり、ある意味で失敗を恐れなくなる。結果に関しては上司が責任を負ってくれるから、自分が全力を尽くしてプロセスの質を高めればいいと思うのだ。

プロセスが大事だという場合の悪いケースとして、結果を自分自身に突きつける覚悟が育たない可能性がある。

しかし、プロセス追求型を徹底していくと、いい意味でしつこくなれるだろう。チェックが厳しいので、部下の仕事は透けて見られることになる。

失敗の理由がそのプロセスに求められる以上、チェックが細かくなるのは当然という面もあり、そこは上司のスタイルの問題だから、どちらがいい悪いとはいえない。

重要なのは、結果を出すタイプAとプロセス大事のタイプBに分けたとして、この二つがきっちり分かれることである。

あいまいだと悲惨だ。結果を出しているのにプロセスで文句を言われるとか、プロセスが大事と言ったからやったのに、「結果を出してない」と文句を言われるとか、思い切ってチャレンジしてみろと言われたからやったのに、結果が悪いと「おまえが責任とれ」と言われると、部下は「なんなんだ、この上司は！」と不信感が募る。言ったときには最後までそれで通さないといけないのだ。

上司は公平であれ、そして筋を通せ

結果型にしろ、プロセス型にしろ、そのことを繰り返し言うことに意味がある。たまに言っても効かない。しつこく言ううちに、あの人は必ずこう言うな、こんな言い訳しても絶対叱るな、と部下が自分の問題としてとらえ直すようになってくれれば効果がある。

しかし、これは、上司が非常に公平な感覚を持っていることが前提になる。でなければ、結果を出せという言葉は逆にネガティブに働いてしまうからだ。

例えば、結果を出せと言っても、別の部下には別の評価基準を設けていたり、あるいは結果を全部自分の成果として盗ってしまったりするような公平感覚のない上司ならば、これは嫌われる。公平感覚というのは非常に重要である。

もともと成果主義は非人間的ではあるが、ある意味公平である。それを何回も言われることは、仕事のできない人にとって、いい訓練にもなる。

今、若い人に厳しいことを言ってはいけないという風潮が強いけれど、この本はそれに乗じて、ゆるゆるした言葉を使おうと言っているわけではない。良好な人間関係のために、あえていけないものはいけないと発言しているのであって、腫物《はれもの》に触《さわ》るように、「これを言ったら部下に嫌われちゃうかも」となっていくと、言えない言葉がどんどん増えていくだけだ。そうではなく、最終的には筋を通すということが重要なのである。

今の二十代、三十代前半は、いいミッションさえもらえれば、はりきって仕事をこなす世代である。限定された、使命感のある仕事を与えられると、やる気を出して一生懸命になる。その使命感を感じられるようなミッションを与えるのが、上司の仕事である。

そんなミッションを通じて上司と部下がつながっていると、少々のきつい言葉は相殺されていくものだ。

ある使命に向かってお互いにがんばっているとき、例えば、サッカー日本代表の試合中に、一歳上の先輩をいちいち「さんづけ」で呼んだりしないだろう。相手が先輩だって「○○、そこ、カバーに行け!」とか、やっぱり呼び捨てになってくる。試合にどうしても勝たねばいけないという追い込まれた使命感を共有している場合には、それはありだと思うのだ。

逆に言えば、いつまでに何々をやり遂げようという限定つきのミッションをみんなで共有したならば、がぜんチームとして戦う空気になっていく。そういう空気になれば、ちょっとした言葉で傷つくような、繊細すぎる関係がなくなるように思う。

傷つけるかどうかというより、むしろ戦うチームの雰囲気をつくっていく言葉かどうかという規準を自分の中に設けるべきだ。

戦うチームとしての言葉であれば、きつい言葉でも私だったら受け入れられる。若い世代であっても、それはわかるはずだ。

要は、保身と嫉妬から出た言葉が一番見苦しいもので、戦うチームに、これほどむだなものはない。そういう言葉を外していくチェック機能を自分に課し、戦うための盛り上がった空気をつくる言葉かどうかという規準を持つようになれば、細かく気にしすぎないで、もっと大胆にふるまえるのではないかと思うのだ。

あとがきにかえて

最近、アンケート調査をしてみたところ、部下の言葉に傷つく上司の数が多いのに驚いた。これは笑えないことである。上司は立場上、その嫌な部下から逃れられない。そのうえ、その部下が起こした不始末の責任まで負わなければいけないという状況下にある。

部下の中には、やはり反省思考力のないタイプがいるものだ。「オレ様的」で、どうせ何を言ってもだめだろうと、上司が遠慮しがちになる。そうすると、言いたいことが言えない関係になってしまい、部下はさらに言いたい放題になっていく。そんなふうに上司のほうが弱い立場に回るケースが見られる。つまり、今や、部下のほうが「うっかり言葉」に気をつける時代になってきているようだ。

上司を批判するのは簡単だが、実は上司というのが非常に傷つきやすい生物であることに気づいてあげるべきだろう。と、私が言うには、二つ理由がある。

一つは、不始末の最終責任は上司がとらねばならず、上司が安全地帯にいるわけでは全然ないのである。部下の驚くようなミスを抱え込みながら、何とかサバイバルしていかなくてはいけない。そういう責任を負わされて、上司のほうがはるかにストレスがたまりやすく、追い込まれやすい状況にあるのだ。

そして、もう一つは、上司は部下よりも年齢が高い場合が多く、特に男性はそのことでかなりもろくなっている。というのは、自分の生命力に対する不安感が潜在的にあって、特に四十五歳以降は、怒りっぽくなる。落ち着いて練れた仕事のできる人は、ゆったりした気持ちになれるだろうが、そうはいかない人たちは、ちょっとしたことでカッとなることが多い。

それは、自分の力量にこれ以上伸びる見込みがないという限界を感じ、自分の人生をそろそろ見切ってしまっているからだ。

それが五十代になってくると、いよいよ顕著になってくる。体力的に伸びている時期は、少々のことを言われても自信がある。ところが、体力的に萎えると余裕がなく、意欲も欠け、生物としての老いの問題が襲《おそ》いかかってくる。

しかもポジション的に頭打ち状態であれば、社会的評価というものをえさに食ってきた上司という動物にとって、そのえさが絶たれることを意味する。他者からの評価をばねにして生きてきた社会的動物であるところが男性の強みでもあり、弱みでもあるわけだ。

そういう人に向かって毒矢を放てば、キレてしまうのもわからないではない。そうした状況下において、部下の言葉に傷つく上司を決して笑えないはずだ。

上司はみな、どことなく不安を抱えている時代と言えるかもしれない。若い人にとってかわられるという年配者の潜在的な不安感は、別に今に始まったことではないが、以前に比べて真の意味で自信を持つ人が少なくなったように思える。

それは、若い人にも当てはまるかもしれない。どこか自信というものをはき違えているようで、ここで一度、部下としての自分がどういう言葉を普段発する癖があるのか、ちょっと見直してみてはどうだろう。

今の二十代は一体感を持ちにくい世代と言われている。例えば、昔の日本人は、何だかんだ言っても一晩飲めば仲よくなるような、何か信頼関係を持ちあわせていた。一晩飲むだけで距離を一気に縮めることができたわけだが、今はそういうことが苦手というか、育つ環境において、そういうことが習慣にない世代になってきている。ならば、距離を縮める感覚を自発的に磨く必要があるのではないだろうか。

そういう背景があって、この「嫌われる言葉」をまとめたわけだが、実はこの言葉の問題は、スタンスとか距離感の問題に直結している。他人との距離感覚を間違えないための測りとして、言葉を使いこなしてほしい。他者と自分はどういう距離でつき合ったらよいのか、それを測るセンサーの役割を言葉が担ってくれると思うのだ。

ということで、この本は気楽に読んでいただいて、自分とその場へのかかわり方をチェックするきっかけになってくれれば幸いである。

最後に、前著『まずこのセリフを口に出せ!! ビジネスハンドブック』に引き続いて精力的に編集をしてくださった講談社の岡部ひとみさん、まとめの作業を手伝っていただいた油科洋子さんに感謝いたします。ありがとうございました。

二〇〇四年九月

齋藤《さいとう》　孝《たかし》

うっかり口にしていませんか「嫌われるセリフ」156

商社・メーカー・生保・銀行など企業100社に
〈あなたが言われて「嫌だ！」と心の中で叫んだセリフ〉のアンケート調査を行いました。
きっとこの中に、あなたの癖になっているセリフがあるはずです。
□にチェックを入れて、参考にしましょう！

●部下が上司に言ってはいけないセリフ

□「オレより能力低いくせに」
□「上の顔色うかがってる」
□「○○課長ってだめですよね」
□「僕なりにやってます」
□「それって必要ですか？」
□「お疲れさま」
□「とりあえずやってみます」「一応やってみます」
□「さっき言ったことと違うじゃないですか」
□「自分でやってみせてください」
□「知ってました」
□「それで」
□「オレ的には」
□「今日は仕事をする気分でない」
□「だけど……」
□「一貫性がないですね」
□「今やんなきゃいけないんですか？」

□「今やろうと思ってました」
□「言ってもむだ」
□「こんな仕事をするために会社に入ったのではない」
□「めんどうくさい」
□「それは○○の責任だろう」
□「メールでいただけますか」
□「時間がない」
□「それで何をしろって言うんですか」
□「どうすればいいのか教えてください」
□「○○課長の時には言われませんでした」
□「（失敗した時）そうなると思ってました」
□「聞いてません」
□「私、能力が低いので」
□「まじっすかー」
□「忙しいんですけど」
□「僕が悪いんですか」
□「それって重要ですか」
□「部長、ケチですね」
□「あほか何考えてんねん」
□「あんたの言うことよくわからない」
□「やる理由がわかりません」
□「命令ならやります」
□「自分でできるんですか」
□「あなたとは時代が違います」
□「何回いわすんですか」
□「気分屋やのー」
□「そういう言い方はないでしょ！」
□「そんな仕事オレだってできますよ」
□「ちゃんと考えてくださいよ」
□「どうでもいいや」
□「嫌です」
□「言っていることが全然わかりません」
□「だめならだめでいいので早く決めてください」
□「それは私のミスではないんですけど」
□「そんなこと言われても」
□「だから何が言いたいのですか」
□「それは正論ですが、現実は違いますよ」
□「自分で責任取れないことは言わないでください」

□「用があるならそっちが来れば」
□「ぶっちゃけ……」
□「話がややこしくなるので、その件は私たちに任せてください」
□「やり方をちゃんと教えてくれないので間違えました」
□「興味ないです」
□「私たちばかりに仕事押し付けないで下さい」
□「記憶にないです」
□「担当ではないですから」
□「適当でいいんじゃないですか」
□「昨日も聞きました」
□「はい、はい」
□「やればいいんでしょ！」
□「そのぐらい、いいじゃないですか」
□「そんなこと言うのあなただけですよ」
□「暇ですね」
□「むだですね」
□「一つのことしかできないんですよ」

●嫌われる上司のセリフ

悪意の隠れたセリフ

□「だから言ったろう」
□「他の人はちゃんとやってるよ」
□「学生じゃないんだから」
□「他の人に頼む」
□「いつになったら仕事ができるようになるんだ」
□「給料分働け！」
□「説明しなくてもわかってるね」
□「責任ない人はいいかげんだね」
□「きみにはもっと上にいってもらいたいと思っている」
□「すいません、こいつまだわかっていないもので」
□「きみが異動されてくるとは思わなかった」
□「○○さんはわかるのに、あなたはなぜわからないの？」
□「ずいぶん暇そうだね」
□「○○のほうがよっぽど働いてるぞ」
□「こんなんじゃ給料泥棒だよ」

□「本当にそうなの？」

□「ああもういい。きみの言いたいことはわかったから」

□「わかった。言い訳はもういいから」

□「またきみか」

□「何回言ったらわかるの」

□「何年やってんだよ」

□「きみ誰だっけ？」

□「やっぱりね」

増殖ウイルス系雑言

□「そんなことも知らないのか」

□「本当にわかってんのか」

□「きみはバカか？」

□「きみにはできないだろうね」

□「気が利かないねぇ」

□「じゃまだ！」

□「いつまでやってるの」

□「それは前に言ったでしょ」

□「いいかげんにしてくれよ」

□「そうじゃないでしょ！」

□「おまえじゃ無理だな」

□「だからおまえはだめなんだよ」

□「おまえってつまらないんだよ」

□「別に期待してないから」

会社内おどし文句

□「担当替えるぞ！」

□「やめちまえ！」

□「査定が近いんだよな〜」「査定に響くぞ」

□「嫌だったらやめていいよ。代わりは何人でもいるから」

□「そんなんじゃ、いつまでたっても出世しないぞ」

□「こんなんじゃだめだ。おまえはクビだクビ」

□「休みがあると思うな！」

ごうまんオレオレ系

□「暇なら一杯いくぞ！」

□「言われたとおりやれ」

□「オレならできるぞ」

□「私がやるからもういいよ」

ネガティブパワー、炸裂！

□「上の命令なんだからしょうがないだろう」

□「言ってもむだかもしれないが」

□「こんなこと言いたくないんだけど」

□「定年するまで、会社がもてばいいんだ」

□「もうきみには頼まない」

□「前任者はできたのに」

□「ふーん」

□「黙ってやっちゃえばわかんないだろ」

□「組織っていうものはそういうモンなんだからさぁ」

□「だからうちの会社はだめなんだよなぁ」

□「ちぇっ（舌打ち）」

責任放棄の捨てゼリフ

□「人がいないからおまえやれ！」

□「前もって言ったじゃないか」

□「おまえのために無理はできない」

□「忙しいは理由にならないんだよ」

□「〜をやっといてね。私は知らないから」

□「適当にやっておいてくれるぅ」

□「思うようにやっていいが、その後の責任は自分にかえってくるからな」

□「あなたにはわからないかもしれないけど」

□「ごめんな、オレはかばえない」

□「何でも言ってくれよ！ 必要ならな」

□「言っただろ！」

□「だから？」

あんたは何様(!?)語

□「へたくそー」

□「もっと働け！ 働かざるもの食うべからず」

□「もう頼まない」

□「ごちゃごちゃ言わずにやれ」

□「さっさとやれ」

□「おまえが言うな！」

□「僕がつくりたかったのは、こんなレベルの低い集団じゃない」

□「冗談じゃないよ、信じらんないな」

□「(夕方になって)これ急ぎだから、今日中にやっといて」

□「ちょっと行ってきて」

□「そういうことしてるとバッテンマークがつくよ」

□「えっ？　それは人間として常識の範囲内のことだけど」

□「次、何をすればいいかわかる？」

□「それ、あなたじゃ難しいんじゃない？」

齋藤 孝 さいとう・たかし

一九六〇年、静岡県に生まれる。東京大学法学部卒業。同大学大学院教育学研究科博士課程を経て、明治大学文学部教授。専攻は教育学、身体論、コミュニケーション論。

『身体感覚を取り戻す』（NHKブックス）で、二〇〇一年、新潮学芸賞を受賞。

暗誦、朗誦を提唱する『声に出して読みたい日本語』（草思社・二〇〇二年毎日出版文化賞・特別賞受賞）がベストセラーとなる。

主な著書に、『読書力』（岩波新書）、『三色ボールペンで読む日本語』（角川書店）、『理想の国語教科書』（文藝春秋）、『人間劇場』（新潮社）、『会議革命』（PHP文庫）、『質問力』（筑摩書房）、『CDブック 声に出して読みたい日本語【CD付】』（草思社）、『喫茶店で2時間もたない男とはつきあうな！』（集英社）、『座右のゲーテ 壁に突き当たったとき開く本』（光文社新書）、『生き方のスタイルを磨く スタイル間コミュニケーション論』（NHKブックス）、『眼力』（三笠書房）、『まずこのセリフを口に出せ!! ビジネスハンドブック』（講談社）などがある。

また、NHK教育テレビ「にほんごであそぼ」の企画・監修を務める。

http://www.kisc.meiji.ac.jp/~saito/

嫌《きら》われる言葉《ことば》 部下《ぶか》と上司《じょうし》の常套句《じょうとうく》

二〇〇四年九月十五日 第一刷発行

著者 齋藤 孝

発行者 野間佐和子
発行所 株式会社 講談社
東京都文京区音羽二丁目一二-二一 郵便番号一一二-八〇〇一
電話／編集〇三-五三九五-三五三〇 販売〇三-五三九五-三六二二 業務〇三-五三九五-三六一五
印刷所 慶昌堂印刷株式会社
製本所 株式会社 上島製本所

落丁本・乱丁本は購入書店名を明記のうえ、小社書籍業務部あてにお送りください。送料小社負担にてお取り替えいたします。なお、この本についてのお問い合わせは、生活文化局Ｄあてにお願いします。

ISBN4-06-212601-X